美育润泽心灵

MEIYU
RUNZE
XINLING

冼贤 著

美育可以润泽人的心灵、塑造人的良好品格，
是追寻生命意义的教育，也是点亮人生信仰的教育。

吉林出版集团股份有限公司
全国百佳图书出版单位

图书在版编目（CIP）数据

美育润泽心灵 / 冼贤著. -- 长春:吉林出版集团股份有限公司, 2024.1
ISBN 978-7-5731-4595-6

Ⅰ.①美… Ⅱ.①冼… Ⅲ.①美育-教学研究 Ⅳ.①G40-014

中国国家版本馆CIP数据核字（2024）第042997号

MEIYU RUNZE XINLING

美育润泽心灵

著　　者	冼　贤
责任编辑	宫志伟
装帧设计	吴晓华

出　　版	吉林出版集团股份有限公司
发　　行	吉林出版集团社科图书有限公司
地　　址	吉林省长春市南关区福祉大路5788号　邮编：130118
印　　刷	唐山富达印务有限公司
电　　话	0431-81629711（总编办）
抖 音 号	吉林出版集团社科图书有限公司　37009026326

开　　本	710 mm×1000 mm　1 / 16
印　　张	10
字　　数	158 千
版　　次	2024 年 1 月第 1 版
印　　次	2024 年 1 月第 1 次印刷

| 书　　号 | ISBN 978-7-5731-4595-6 |
| 定　　价 | 68.00 元 |

如有印装质量问题，请与市场营销中心联系调换。0431-81629729

序

这是一本带有教育自传风格的教师文集。从中可以看到一个当年家庭贫困、前途迷茫的乡村学子,在困顿中求学,成为美术师范生,毕业后回报家乡,又将自己人生感悟传递给学生,帮助更多乡村孩子成长。作者冼贤成为省级名教师培养对象后,加强理论学习,深入实践思考,从美育的教学高度看待美术学科,由此得出"由美入善、润泽心灵"的基本教学认知。

长期以来,中学美术教学与中高考挂钩,基本与美育缺乏联系,特别是农村的中学"美术",教师主要为"术科考试"而教。实施美育教学,很多中学无论是教育环境还是教学师资,都面临极大的困难甚至阻力。以本书记录中可见,作者执着沉稳地从"美术生"到美育名师,幸运且成功地走出了这个困局。我看作者的成长经历,恰恰是生活的苦难坎坷,让他领会了生命价值和人生意义,只有树立志向努力学习才能改变命运。而在成为一名美术教师后,他也努力向学生传递这个朴实的思想,产生了最初的美育意识。作者以自己所学的中外美术史为基础,将文化史观和历史价值观传递给学生,使其领略到美育教学的核心价值和作用。当他在美术课堂中不仅是教"术科考试"内容,而且尝试采用电化教学幻灯机上美术鉴赏课时,他真正感觉这是自己"成为名师的起点"。

而外界将作者视为"名师",则是因其美术高考备考成绩显著,成就了山区学生考大学的梦想。但这也正是一些乡村中学美术教学的误区,只认

美术考试硬指标，而不知这正是开展美育的最大阻力。冼贤教师怀着"做最好的教师"的教育情怀，倾注对山区学子的爱心，将绘画基础训练逐步与学生思维能力结合，培养具有人文精神和创新意识的时代新人，将自己锻造成"美育名师"。

我曾经实地考察过冼贤老师任教的学校并接触过他的学生，还和他一起回到毕业后最初任教的学校画室。面对这些学生，他脸上洋溢着幸福，眼里流露出深情。冼贤从复读美术生成长为美育名师的独特经历，对我们众多的高中美术教师不无启发，特别是在目前高中教育大环境条件下，对于如何协调美术生"术科考试"与美育教学的关系。我想这本书值得一读，特此推荐。

是为序。

陈卫和

（原广州美术学院美术教育研究所所长、美术教育学院教授）

2023年6月6日

自 序

当下,美术教育要改变过于技能化的倾向,要注重培养学生的审美能力,以美育人,美育润泽心灵;同时要强化思政教育的人文关怀,为国家培养具有人文精神、创新能力、审美品位和美术素养的现代公民和全面发展的人,这是新时期提高基础教育思政效果的重要途径。

我从事美术教学30年,潜心美术教育教学研究。我在2015年进入广东省"百千万人才培养工程"名教师项目后,在教学工作与项目学习中,不断反思与提炼,思考如何提炼出自己的教学思想;2018年进入肇庆市人民教育家培养项目学习,在美术教育教学实践中倡导"有教无类"的教育理念,形成了"融美于善"的教学风格与"让学生在学习中成长"的教学思想。在美术教育教学中倡导着重培养学生的学习能力与思辨能力,让学生具备终身发展的能力;通过在市美术教研活动和省内名师送教等活动中讲示范课、办讲座等来推广自己的教育教学思想。

在教育思想的凝练过程中,我重新审视自己的成长历程,回顾自己从小在家庭生活极其艰难的情况下,是如何将自己爱好美术兴趣变为立志通过学习美术考上大学,来改变生活的困境,特别是在美术师资缺乏的环境下通过自学,然后出求学,接受美术的启蒙,开启学习美术之路,并立志成为一名光荣的人民教师回报家乡的;又是如何从一名乡村美术教师,通过自己的规划与努力,一步一个脚印地回到母校香山中学(当地重点中学)任教的;

又是如何从只教初中美术（群众与领导眼中的次科），到坚持举办课后美术兴趣小组活动，辅导学生学习美术，培养苗子来考取美术院校，做出成绩得到学校领导的信任，然后安排我担任高考美术教学教师，并成为学校的美术科组长的。我在高中美术教学中将单一的技法教授转变为开发学生思维，培养学习能力并取得优异成果。这么多年，脑海不断涌现自己艰难求学、成长的辛酸片段，思路在不断反思与凝练中逐步清晰，自己在美术求学过程中成长，在美术教育工作中教学相长，这不正是教育思想实践的意义吗？

在工作中接受各类不同层次的师资培训，坚持自己的教学理念。特别是从2014年开始，先后成为肇庆市第一批学科带头人培养对象、广东省中小学新一轮"百千万人才培养工程"第二批高中文科类名教师培养对象、肇庆市人民教育家培养对象，在这三个高端项目的培训学习，促使我凝练形成自己的教学风格、教学思路、教育思想。在自己的教育思想的引领下，教学方法不断创新，教学业绩不断提高，以美育人成效显著，达到教学相长的目的，最终促使自己实现从普通教师到特级教师、从中级职称转变为正高级职称的大跨越。成为名师后不忘初心，满怀教育情怀，有责任与担当，成功申报担任广东省中小学新一轮（2021—2023年）名教师工作室主持人，为区域及全省培养青年教师贡献力量。

少年艰辛求学，在名师成长的路上砥砺前行，在学习美术和从事美术教育工作上，润泽了心灵。期望我的励志成长故事能够成为青年教师与学生的成长道路上一颗明灯。在理顺撰写教育思想的脉络后，结集出版与君共勉！诚请各位师长及同行指正！

冼贤

2023年5月

目 录

第一章 由美入善，润泽心灵

01　教育教学思想凝练 …………………………………… 003
02　我的教育思想
　　——由美入善，润泽心灵 ………………………… 006

第二章 从小立志，艰难求学

01　从朦胧到启蒙 ………………………………………… 015
02　巧受启蒙 ……………………………………………… 017
03　美院求学，转变观念 ………………………………… 020
04　重进美院求学 ………………………………………… 025
05　师专生涯，磨炼自我 ………………………………… 029

第三章 心怀梦想，做最好的教师

01　乡村教学展风采 ……………………………………… 037
02　柳暗花明，诚心施教 ………………………………… 040

- 03 坚守情怀，做最好的教师 …… 042
- 04 回炉修炼，成就自我 …… 046
- 05 美术创作，助力专业发展 …… 053

第四章 教育考察，拓宽视野

- 01 百闻不如一见 …… 057
- 02 学生核心素养与高中美术课程
  ——基于对美国康涅狄格州公立高中美术教育的
  考察与思考 …… 062
- 03 润泽生命的特殊教育美术教育
  ——观察美国特殊教育学校的美术教育有感 …… 069
- 04 美国AP美术课程的启示与思考 …… 073
- 05 海创"小导游" …… 078

第五章 校本课程，教学相长

- 01 互联网与中学美术校本课程教学 …… 085
- 02 高中新课改下校本美术课程的开发 …… 089
- 03 校本民间美术课程资源的开发 …… 093
- 04 校本课程与教师专业发展 …… 096

第六章 教育实践，以美育人

- 01 美术教学中融合品行教育的实践 …… 103
- 02 意念训练法与默写能力 …… 106
- 03 自主与互助学习能力的培养 …… 110
- 04 唤醒学习潜能　促进学生成长 …… 114
- 05 感受与体验、探究与思辨的美术课堂模式 …… 117

- 06 展现美育风采，引领教学创新 ………………………… 121
- 07 美术课堂结构改革促进学生学习能力的提高 ………… 125
- 08 以问题为导向促进学生思维发展 ……………………… 129
- 09 开发学生思维的高中美术教学实践 …………………… 133
- 10 守正与创新的思考 ……………………………………… 137
- 11 教学创新与高效课堂 …………………………………… 141
- 12 高中美术鉴赏教学与文化理解 ………………………… 145

参考文献 ……………………………………………………… 149

第一章

由美入善，润泽心灵

01 教育教学思想凝练

2015年，成为广东省"百千万人才培养工程"名教师培养对象后，我对工作室学员的要求就是名师培养研修的总体目标是促使学员在教学实践的基础上凝练出自己的教育教学思想。在凝练的过程中我聆听了多场专题讲座，重新审视自己的经历，逐步形成了自己的教育教学思想。例如，学术班主任刘华杰博士明确了期中考核的指标并对上两年学习进行回顾和总结，要求学员在培养期内凝练出具有学术性、前瞻性和实用性的教学思想。例如，华南师范大学基教院首席专家王红教授在为学员主讲的"教学思想凝练的若干问题"的精彩讲座中提出：教师的教学思想就是要把自己零星的、情境的教学观点提升到一个思想层次，形成有倾向性、价值判断的教学主张，凝练期间还要通过一个重要的环节，就是通过教学实践的检验，围绕着自己的教学思想方向做有逻辑有行动的研究，思想凝练过程不仅要有归纳，还要用演绎法表现出来和实践验证。借助导师和专家的帮助，我进一步完善凝练过程，探索出了具有个人风格、符合教育规律的教育教学思想。

2016年6月12日上午，成都市教育科学研究院罗清红院长主讲"物理透视下的教育思考与实践——大数据让教育走向实证"的讲座。罗院长从物理学上分析了现代科学的世界图式的结构化和系统化，介绍了暗物质的存在依据，人与人之间的交流其实也是暗物质的互动，借此来分析教育实践，提出了以下观点：最高端的教育是感应、是身教，而不是言传，教育思想的凝练一定是对自己教育经历的磨炼；教育必须是"灵魂"在场才能真实发生，思维在飘荡的教育必然是失败的。2016年6月12日下午、2016年6月13日上午，华南师范大学博士后左璜女士主讲"基于核心素养的课程与教学创新"。左博士用富有激情而清晰的语言结合教育个案分析核心素养提出的时代背景和

创造性，学生发展的核心素养是培养全面发展的人。教师在"互联网+"的时代，要改变教育思维，要有跨界思想和行动，在学校、学科之间进行跨界教学，要有引领时代创新性的教育教学思想。她提出了两个需要追问的问题：一是"教育的目的——培养什么样的人？"，二是"教育的方法——如何培养这样的人？"。她用历史与发展的视野阐述了从古至今教育目的的演变。传统农业社会的教育注重道德品行的养成；而近现代工业社会的教育则关注能力的培养，因此就有了学校的班级教育；但到了21世纪的信息时代，追求怎样的教育目的，构建怎样的课堂生态是每位教师都要思考的，特别要解决教育中存在的永恒矛盾——知识信息的无限与时间的有限之间的矛盾，这超越了"怎样培养"的问题，而是侧重于"培养怎样的人"，侧重于培养人的怎样的核心素养。核心素养是学生在接受相应的学段的教育过程中，逐步形成的能够适应终身发展和社会发展需要的必备品格和关键能力，是所有学生应具备的最关键、最必要的基础素养，是知识、能力和情感态度等方面的综合表现。

　　核心素养是一个体系，是可以通过接受不同学段的教育来形成与发展的，具有连续性、阶段性，兼具个人价值和社会价值，是以培养学生成为"全面发展的人"为核心的。基于这样的新时代要求，我们的教育要特别提倡个性化和创造力的发展，要注重学科之间的整合和融合，重视锻炼学生的思维能力，培养学生将来可持续性发展的能力。

　　我所凝练的教育教学思想的核心在于在课堂上关注学生的思维培养和学习能力的培养。

　　2016年6月14日全天都是分工作室在理论和实践导师指导下进一步进行教学思想凝练。美术工作室三位学员在理论导师陈卫和教授（广州美术学院）和实践导师房尚昆老师（深圳中学正高级教师）的倾听和指导下进行教育教学思想助产，二位导师对每位学员的教育教学思想凝练汇报提出修改意见，要求学员的思想凝练要结合本人教学实践，要有实用性，同时要有学术性和时代性。6月15日全天，在华师大马早明和陈伟二位教授的指导下进一步进行教育教学思想凝练汇报。学员们经过昨天导师的帮助，对教育教学思想进行了提炼，在学术上有了很大的提高，提出的思想更具有代表性和前瞻性。二位教授和同学们对学员的教学思想进行点评，对于优点进行肯定，并提出了具体的修改意见，使学员收获多多。

6月16日上午，华南师范大学扈中平教授主讲"钱学森之问"精彩讲座，从中华人民共和国的发展历程与经济发展等方面深入浅出地分析了"钱学森之问"的诸多问题，指出人才的培养需要时间，需要一个漫长过程和传承。扈教授从时间角度分析了我国教育改革的过程，特别是改革开放后国家教育体系才回到正常轨道，教科研需要强大的经济的支持，科研工作者静心钻研才能出成果，而科研成果需要时间来验证。这也引发了我对新时代教育的思考。

通过集训，师生和同学的情谊得到升华，教育教学思想在导师指导下得到了深度凝练，自己的教育教学思想得到提升，更具有学术的代表和时代的前瞻性。也促使我在集训结束后继续凝练，成为一名合格的名教师，并在一定区域去推广自己的教育教学思想，在全省乃至全国起到引领示范作用，为打造南方教育高地奉献自己的力量。

我的教育思想

——由美入善，润泽心灵

艺术是无所不在的。社会文明的程度愈高，人造万物的艺术成分愈浓。你被艺术包围着，影响着，不知不觉提高了艺术品位，也不知不觉感到有一个比物质世界更大的世界存在，这便是显示着人类伟大创造才华的充满魅力的艺术天地。于是你更会爱，更懂得应该怎样生活和珍惜生活。近代以来，美术课程以其丰富的教育价值被列入中小学课程体系。社会的发展对国民的素质提出了新的要求，学习图像传达与交流的方法、形成视觉文化意识和构建面向21世纪的创造力已成为当代美术课程的基本取向。美术课程应该在我国基础教育课程体系中发挥更积极的作用，为国家培养具有人文精神、创新能力、审美品位和美术素养的现代公民。我国基础教育中的美术教育在一定时期，存在着以美术技能教授为主，忽略美术教育的育人功能的倾向。

在培养学生核心素养的目标下，基于对学生可持续发展的思考，我重新审视与反思了自己的教学教育过程。在培养学生的过程中不应单注重成绩，同样也应注重对学生能力的培养；在美术教育教学中要坚持落实"立德树人"的国家教育方针，实践"有教无类"的教育理念，除了要重视"技"的传授，还要注重"道"的传承，引导学生成长为一个人格完善、人品高尚的人。形成了自己"融美于善"的教学风格与"让学生在学习中成长"的教学思想，并凝练出"由美入善，润泽心灵"的教育思想。

一、倡导"有教无类"教育理念

在学科教学中我倡导孔子的"有教无类"教育理念。春秋以前,平民是没有资格入学接受教育的。孔子创办私学,对教育对象进行了相应的改革,实行"有教无类"的办学方针,这是孔子教育理论的重要实践。虽然贤愚各不相同,却能兼收并蓄,教之成才。

在美术学科教学上,我理解的"有教无类"是平等对待不同基础的学生,并且有针对性地因材施教,如在上高中美术鉴赏课时对名作名画的鉴赏,有些同学理解得很快,但有些同学因在九年义务阶段受到的美术熏陶较少,对于一些艺术形式与语言不太了解,所以对于名画的鉴赏不是很懂,那就要通过一些策略来帮助他们提高审美能力与鉴赏能力,如组成合作学习小组,让基础较好生与他们一起进行探究学习,提高审美能力和鉴赏能力。又如,在选报考美术为高考科目时,我从来不挑选学生,都是由学生自己根据兴趣与自身因素进行选择,每年所面对的美术生都存在基础与素质差距比较大的情况,针对这种情况我会先根据学生基础进行分层教学,各层次的学生

图1-1 笔者作为广东省"百万人才培养工程"学员于2018年到封开县江口中学开展送教活动

运用不同的教学策略,如基础好的组别实行在教师的引导下以学生自主探究学习为主的模式,而基础薄弱的组别就实行教师多关爱多示范指导,并分步

骤跟画的模式，到了能够跟上教学的进度就变为以引导为主的教学模式。在有一年的美术高考备考中，有一个女生画线条都画不直，我耐心分析她存在的问题，并进行相关的示范，虽然速度慢，但经过一个阶段的训练，她跟上了教学进度，最后考上了广州美术学院。

二、追求"融美于善"的教学风格

我追求的教学风格是"融美于善"。教学风格应该是教师的一种教学理想、一种教学向往、一种职业期待，从陶行知先生的书中我感悟到了作为一名美术教师的责任：不仅要教画画，更要通过一幅幅作品告诉学生世间的美丑；从陶行知先生的语录中，我读出了作为一名美术教师应树立的形象：不仅画要风骨凌厉，更要做人清白自廉；从陶行知的思想中，我知道了作为一个美术教师应该具有的风格：好的先生不是教书，不是教学生，乃是教学生学。一句话可以让一个人知冷暖，一句话更可以影响一批人的思想，陶行知先生的话曾经指引我让我"捧着一颗心来"，现在感动着我，将来依然会影响我，直到我"不带半根草去"……我从教三十载，任花开花又落，却一直从事着美术教研教学和高考美术教学，一直在努力寻觅与追求一条既适合学生又适合自己的教育教学之路。

每年的美术班中都有一些学生纪律散漫，学习目标不明确，也有其他组别的学生因为违纪并且不服从管教而被放在我组的，对这些学生我都愿意他们留在我组学习，在教学与训练过程中将德育渗透到学科教学中去修正他们的行为。美术以其视觉形象承载和表达人的思想观念、情感态度和审美趣味，丰富着人类的物质和精神世界。通过教学培养学生自主、互助的学习习惯，使其学会用心体验美术，享受快乐学习的过程；通过教学，让美术作品的线条、色彩、造型等美的元素吸引学生，让美术作品背后蕴含的感人故事或丰富思想内涵触动学生，让参与美术实践活动获得愉悦、进步、成功的体验影响学生；通过教学，使学生在积极的情感体验中发展观察能力、想象能力和创造能力，提高审美品位和审美能力，增加对自然和人类社会的热爱及责任感，形成创造美好生活的愿望与能力，成就学生的美丽人生。

三、形成"让学生在学习中成长"的教学思想

从2015年开始,中国基础教育课程进入了核心素养研究时期,提出培养学生成为全面发展的人。核心素养是指学生应具备的、能够适应终身发展和社会发展需要的必备品格和关键能力,分为文化基础、自主发展、社会参与三个方面。回顾和审视自己的教育教学成长轨迹,发现自己从走上讲台到今天,在重视教学成绩与升学率的同时,还一直坚持关注学生内心世界的需求和精神成长的需要,一直坚持通过美术教育把学生培养成对社会有用的人。

"授人以鱼,不如授人以渔",授人以鱼只能救一时之急,授人以渔则可满足一生之需;说的是"送给别人一条鱼能解他一时之饥,却不能解长久之饥,如果想让他永远有鱼吃,不如教会他捕鱼的方法",有鱼吃是目的,会钓鱼是手段。这句话说明,要想帮助他人解决难题,应传授给他人解决难题的方法,即不直接给予物质,而是教以方法或某种信念。教育其实也是一样的道理,要教会学生自学的方法,而现在很多高中美术生总是被动地学习,教师要求做什么就做什么,缺乏自主性,不清楚自己需要什么和如何学习才能学得更好。

针对以往由教师作为主体的教学方法,我改进教学方法,加强对学生学习能力的培养。例如,在素描绘画教学中,通过小组探究学习,利用一定的奖励制度激发学生从所学过的圆形物体的结构和明暗知识中,自主总结物体的结构和明暗规律,并掌握表现技法规律。又如,在美术鉴赏课中,经常分学习小组,让他们在教师的引导下进行自主鉴赏,如鉴赏印象派画家的作品,我会分成五个小组去研究莫奈、马奈、毕沙罗、雷诺阿、德加五位代表画家,由组长组织组员去了解该画家的生平、作品的艺术形式和情感,并在班上向其他同学进行鉴赏讲解,如有不足再由教师补充。这样的课堂教学模式充分调动了学生的自主性和积极性,让学生的思维得到开发,通过小组自主探究学习,教师从知识传授者转变为教学组织者,学生变为学习的主体,主动去掌握名画鉴赏的规律,培养了学生的钻研、审美和鉴赏能力,从而使学生产生从学会到会学的转变,在今后的学习和工作中碰到新的问题就会知道如何去解决,在解决问题中逐步成长。

四、凝练出"由美入善,泽润心灵"的教育思想

中国儒家六艺中的"乐"贯穿了以美启智、以美寓德、寓教于乐的美育思想。先秦《乐记》的中心思想就是借助音乐的感染力进行道德品质教育,孔子作为伟大的教育家更是体会到乐教、诗教对培养人的道德品德的重要性。"由美入善,润泽心灵"的教育思想,就是美育要让学生体会到自我生命的价值,让学生在学习、生活和工作中自觉提升自我人格,并把我国的道德内容和主流价值融入美术教育,培养学生成为全面发展的人,为国家培养合格的现代公民与社会主义建设者和接班人。主要体现在以下三方面。

一是2015年国家开始提出要培养学生发展核心素养,普通高中美术课程的根本任务是:立德树人,以美育人,培育健康审美观念,陶冶高尚情操;认识文明成果,坚定文化自信,树立正确的文化观。对美术学科提出育人的要求,美术教育要关注人的精神世界,要充分发挥美术学科的育人功能。

图1-2 笔者从广东省"百千万人才培养工程"培养项目结业

二是高中美术教学过于重视"技"而忽视"道",美术教育要重视学生学习能力的形成,提升学生的美术素养。美术教育属于学科教育,既与美术学科相关,也与教育学科相关。我们为什么要教美术?怎样教美术?什么才是好的美术教育?这是在当下作为基础美术教育教师需要思考的。教育部国家美术课程标准研制(修订)课题组组长尹少淳博士提到"核心素养本位的美术教学",这是非常重要的教学观念的变革,在美术教学领域,我们过去

仅在"技"的层面展开教学,而今后的教学需要努力向"道"提升,也即理解知识、运用智慧去综合性地发现问题并通过美术或者跨学科的方法解决问题。在实施美术教育的过程中,要改变过去"重技能轻审美"的观念,确立以培养学生审美能力为核心的教育教学理念,着重帮助学生理解美术作品的人文内涵,拓宽文化视野,加深对中华文化的认同,培养学生成为全面发展的人。

三是学科核心素养的培养目标,美术教育要关注学生的思维品质形成,激发想象力和创造力,重视培养学生的审美能力、思辨能力和创新能力,促进学生全面而有个性地发展。学校教育就是让每个鲜活的生命,按照自然规律,借助土壤、空气、阳光和水,以其独特的方式生长。给学生提供适合的教育,让学生在学习中自然生长,让他们有颗善良的心,有良好的行为习惯,有优秀的思想品质,当学生走上社会后,内心仍然有美好的愿望,过一种恬静的、幸福的精神生活。

在美术教学活动中,坚持"立德树人"的教育方针,运用合适的教学策略与手段,唤醒学生的自主学习意识,激发学生学习动机,重视对学生学习方法的研究,引导学生以感受、观察、体验、表现、创造以及收集资料等学习方法,进行自主、研究性学习与合作交流,让学生能有效管理自己的学习和生活,认识和发现自我价值,发掘自身潜力,有效应对复杂多变的学习和社会环境,让学生在学习中成长,成就出彩人生。

第二章

从小立志，艰难求学

01

从朦胧到启蒙

一、从小立志

我出生在广东省德庆县郊区农村的贫农家庭,祖辈一直靠务农为生。我父亲有九兄妹,排行第三,父亲年少时我爷爷就去世了,父亲只读了几年小学,就辍学回家帮忙做工和照顾弟妹,文化不高,但是做工勤勤恳恳,深知没有知识的艰难。我母亲从小就父母双亡,姐妹二人靠伯父收养才成人,但一直没书读。后来据了解,我外公是个有文化的,写得一手好字,也曾捐资助学,但命运总会捉弄人……所以幼时父母经常会同我们说,希望我们好好读书,将来可以出人头地,光宗耀祖。也经常说要我们向四叔学习,因他读完初中后,当了兵又有文化,一直在部队做到连队参谋,经常到全国各地出差。还记得少年时,每年都会有一天,早上突然被母亲叫醒,说四叔回来了,叫我去奶奶家,我就知道会有好东西吃了,一般会是面包和糖果,在20世纪70年代这是极其难得的东西了。父母的教诲和四叔的影响,在我幼小的心灵里埋下今后要立志读书,改变人生的种子。

二、朦胧的兴趣

祖上没有一位与美术或者相关行业有关联的前辈,但是我自从懂事起就喜欢年画和小人书,刚过年时,因大多数农户家里都是篱笆泥墙壁,每家都会张贴上新的年画来装扮一下迎接新年,我除了认真观看自家的年画,有空就喜欢跑到别人家里观看年画和小人书(连环画书),经常一看就是半天,其他同伴都是看完了图书的故事就算了,而我经常会描画自己所看到的人物

形象、道具、风景等，我的课本、作业本、图画本都是画，模仿能力也比较强。那个年代没有什么玩具，少年同伴在农闲玩耍时都会自制玩具来自娱自乐，如木头手枪、玩走铁圈用的铁丝圈等，还有弹珠，没钱买就把坚硬的石头慢慢敲打并打磨成圆形，这些活动都锻炼着我的动手能力，也为今后在美术方面发展播下种子。就如现在的幼儿园、小学的手工和图画课一样，目的都是培养小孩的动手协调能力，培养学生的审美情趣，拓展学生的思维。

三、才华初现

我到新圩中学就读初中后更加喜欢美术了，特别是上美术课，当时是一位姓梁的教师教我们，这位教师不是专业的美术教师，初中美术课程中有美丽的校园的内容，是以素描或速写形式表现的，他经常安排我们自己去画校园，因教师是非专业的，一群同学未经教师教授就自己乱画，我总是画得比别人快和好，同学也经常要我帮忙才能完成作业，这引起了班主任和教师对我的关注，经常要我帮助班主任和学校出黑板报，我经常在课余时间完成，别人放学回家了我还要完成任务，特别是到初三第一学期，学校要求每班都要完成一个手抄报的墙报，班主任要求我负责，记得我当时用钢笔加色彩完成一张《大展宏图》的临摹画作，得到同学和教师们的一致好评，本班的板报在评比中获得一等奖。后来系统学习美术后才发觉所用的方法是错误的，所临摹的作品是工笔国画，但在特殊的年代，作为一名初中生在没有教师指导下能够将一张画作中的雄鹰临摹得形神兼备、栩栩如生，凸显了我的潜能及画画的用心程度。

到了清明节前，学校又安排各班通过出墙报来纪念先烈，班主任又要求我负责完成插图，思考如何更好表现完成，想到我县刚在香山公园建好了革命烈士纪念碑，我请求同村的同学陪伴我利用周日到香山对革命烈士纪念碑进行写生，完成墙报的插图。在翠绿的松树衬托下，德庆革命烈士纪念碑显得特别庄严肃穆，唤起了同学们对革命烈士的崇敬之情，激发了同学们的爱国热情，写生画作得到教师与同学的赞扬。

02

巧受启蒙

一、考学受挫折

德庆是有着两千多年历史积淀的文化名城，民风淳朴，这里的好山好水孕育出德庆人民坚强与奋进的品质。在20世纪七八十年代物质缺乏与生活极其艰难的环境下，父母靠着做农活的微薄收入来维持家庭开支.作为农家子弟，我利用放学后的时间和假期帮忙做农活，深深感受到当农民的艰难，不甘于现状的我立志通过美术考上大学，父母也鼓励我好好读书，考上大学来改变命运。但命运总捉弄人，因当时农村中小学的办学条件不好，加上自身英语不好，英语成绩一直较低，经历两次中考都未能考上县重点高中，只能继续在新圩中学就读农职中学（农业职业高中）。经受打击后，在高一时，我意志消沉，经常逃课，也出现想退学外出打工的念头，我变成了一个让教师头疼的学生。我也让堂哥帮忙找过工作，被他大骂："有书不好好读，才高一就想去找工作，不读书一辈子都不出色。"自己也感受到生活的无奈，无论父母亲多勤劳，农村的生活还是很苦。

二、自学

在经受挫折与失败后，在教师的帮扶下，了解到高中报考美术文化要求不高的信息，我重拾求学的信心，更加坚定自己通过学习美术考上大学的决心。但苦于学校没有专职的美术教师，于是自己利用假期去做建筑小工，用赚到的工钱去买美术参考书进行自学，开始了解美术的种类和表现技法，经常是吃完晚饭后才能在饭桌上进行画画，还自学书法，还记得第一本国画

书是关于张大千的国画山水的，第一本素描书是关于徐悲鸿的素描的，第一本书法书是关于陈景舒的隶书的。在学习美术时，我每天晚上都很努力地临摹素描、国画、书法，记得曾经临摹了一张国画《猫趣图》赠送给好友，不知好友是否还保存着，平常有空也经常与同村的兄弟（可惜这位兄弟英年早逝，不过留下一个女儿，后她考上广西师范大学美术学专业，现在佛山当美术教师）一起在他家用清水在水泥地板上练书法，自得其乐，接触范围很广，心知没有教师指导，必须更加勤奋才能有成绩，作品参加学校的比赛时经常获奖，还记得临摹了陈景舒的隶书获得学校一等奖；也曾经用8开纸临摹了一张大卫的石膏素描头像。但没有教师的指导学习美术极其艰难，进步不大，心情很苦闷，情绪很失落。

三、接受启蒙

高二寒假，一天早上帮家里将蔬菜拉到市场上卖，我在菜市场的门口看到有一个高考美术班招生小广告，心里一阵欢喜，就拿了卖菜的钱去报名，从此走上了学习美术的道路，认识了香山中学兼职教美术的冯启教师和在华南师范大学美术系读大一的师兄张波（助教教师），由他们启蒙，我才明白怎么样才能考上美术类的大学，听他们一席话如沐春风。无论天寒地冻、风吹雨打，我都坚持上课，经常是早上一大早用自行车帮忙将蔬菜拉到市场给母亲摆摊卖，然后自己才去上课。家在城郊路途较远，骑自行车也要半小时才能到县城，到县城都是泥沙路，特别是春节前经常会下雨，经常是我穿着满带泥巴的雨鞋来上课画画，同学们都用奇怪的眼光看着我，但我从不自卑，心知必须抓紧时间训练才能有机会考上大学，一到画室就沉浸在画画当中。

从素描几何体开始，到正式接受系统的美术考前训练，我所画的每张画都、充满激情，经常是画得比较快，但总是缺乏细节与艺术性，在这种情况下，教师提醒我不只是画，还需要理解与观察，需要学会看画，学会分析自己的画面的问题，在专业美术教师的指导下我进步很大，接受了美术高考的基础系统训练，打下了坚实的基础，朝着目标正式前进。

四、艰难求学

在学习美术的道路上我认识了不同学校的同学，特别是立志报考美术的同学，如当时就读高一的侯荣华、张光明、卢东明、颜燕飞（这些同学后来都考入了广州美术学院）、李营等人，在寒假培训结束后和他们组成了一个学习小团体。我们当年在求学的道路上也迷茫过，知道没有专业教师指导学习艰难。所以经常利用假期一起画画，一起去钻研，相互学习相互提高。也相互帮忙借石膏像回家进行自主写生训练，还记得我曾用一个绿色的军用背包装着石膏像，背着骑自行车回家，进行写生练习，画完一个就一起去讨论，一起钻研；也经常一起去乡村进行写生。正因为有这种经历，到现在我们几个同学虽然在不同的城市工作，但情谊非常深厚，还经常联系，茶余饭后还经常忆苦思甜。

在明确自己的方向后，第二学期开学后我就同班主任和任课教师沟通，表明自己今后要报考美术类大学，除了语文、外语和数学上课认真听课，其他农业课就自学历史、地理和政治。在得到班主任和任课教师的同意后，就自主学习，学习热情高涨，从一个经常逃课的坏学生转变为认真学习的好学生。在校认真学习文化，回家做好家务与农活后才开始自学美术，接受过短期的专业美术培训后，知道了如何去进行训练，而且画出来的作业可以与同伴们利用约定的时间一起去讨论，相互学习，相互提高。

少年时美术求学的艰辛经历，磨炼了我的学习意志，也让我更加珍惜来之不易的所有学习与培训的机会，更加明白意志坚定是求学的重要基石，所以在参加教学工作后，我注重发掘学生的潜能，注重培养学生刻苦好学的意志，也经常让学生组成学习小组，培养他们的自主学习能力。同时，也更加关注一些家庭贫苦的学生，在学习上多关心与帮扶他们，历届都有不少农村学生考上大学，成就他们的出彩人生。

03

美院求学，转变观念

一、初遇广美

1988年的暑假，有同学通过省城的亲戚了解到广州美术学院开设暑假班，同学们都是城里的，父母基本都有一份工资收入，可以支持他们到广州学习美术，因我父母是农民，家庭经济困难，去广州学习美术费用大难以支持，当时父亲不赞成，我心知如果不去，当时又没有美术暑假班，肯定与他们的差距会越来越大，而且我到下学期就上高三了，必须将专业学好才能有机会考上大学。父母平常见我很努力帮忙做家务与学习，也深知我求学意志坚定，在我苦苦哀求下，同意我和同伴一起到广州美术学院暑假培训班学习美术。

20世纪80年代末，交通很不方便，广东珠三角水网密布，由西江、北江等汇流而形成的珠江，水运发达，当时活跃在西江、珠江河道上的客船是"红星"号，价格便宜但速度慢，要12小时才能到广州，下午五点上船到第二天早上5点左右就可以到，半夜旅客可在客舱的床位上睡觉到天亮，所以绝大多数旅客都是选择坐"红星"。从未外出过的我，坐在客舱中，心情既激动又忐忑，前方的路会有什么样机会和挫折呢？不得而知，但人生总要迈出第一步，来接受人生旅途的挑战。早上我在广州的河道边，望着两岸在灯光照射下的南方大厦、爱群大厦、海珠桥，百感交集，我知道我在美术求学的道路上又迈进了一大步，从一个山里的农村娃，在家庭的支持下，到广州美术学院这样的高等学府来接受美术的熏陶，自己的人生将会发生改变，前路漫漫，意志坚定，才能真正实现梦想。

二、不一样的教学理念

进入广州美术学院,院内绿树成荫,小道和绿地上常年展示着师生们创作的雕塑作品,如语文课本中介绍过的《艰苦岁月》《鲁迅》等大师级别的作品,还有一些当代的艺术品,突然看会感到吃惊、很难理解,但静心细看细想,作品中蕴藏着很多人生哲理。学校的美术馆常年展出美术作品,各幢教学楼的画室随时可以参观,艺术氛围良好,对美术生而言就是艺术的天堂。浓厚的艺术氛围深深地熏陶着我,我暗暗下决心,一定要努力学习,争取在短时间内学好,朝着目标迈进。还记得当时暑假班是在广州美术学院附中的画室进行集训,开始就要画石膏头像写生,我的造型能力还是不够扎实,当时有一位教授点评我和卢东明的作业(荷马石膏像写生)时,说了一句经典而又令人记忆深刻的评语:"你们二人的作业有点物出人形,瘦人画瘦了、胖人画胖了。"当时我是又高又瘦。教师形象的点评让我们无地自容,但又恰当地指出我们二人的缺点和今后可能会犯的错误,这句话也在今后不断地提醒着我,在抓形体时要注意高与宽的等比例关系,为我的造型能力打下坚实基础,在以后的学习与教学中,造型能力强是我的一个优势。

还有一位在广州美术学院出名的"怪人"李正天教授,他的"怪"在于教学观念和教学方法"怪",对于我们暑假班的学生,按理应该是按部就班教,注重美术基础的技法教学;但是他在上课时,首先是带我们到他的工作室,去引导我们鉴赏他的画作、一些名画,还拿出特别为他太太写生的油画女人体给我们赏析,还说世界最美的就是人体,解读学习美术要画人体的目的与意义,也分析人物头像的特点,特别是以我具有南方人特点的头像作为例子,分析我国地域人物特征的区别等。还有上色彩课时,带我们走到校园、公园去写生,感受与体验大自然的色彩之美,在不同环境下去分析色彩的变化与表现规律,虽然有时也会进行一些必要的示范,但整个写生过程比较多的是让我们自己去体会,按照自己的感觉去表现,以学生为学习的主体,培养学生的自主探究学习能力。整个暑假班,授课的教师都是广州美术学院或附中的教师,他们在美院教学理念下的指导,充分发掘学生的潜力,为这些学生今后考取美术学院打下坚实的基础。这些课程让我们这些刚接触美术的初学者大开眼界,受益匪浅。这些经历都深深影响着我,我在教学中

也注重培养学生的审美能力和自主探究学习的能力,使我的教学风格与众人不同。

三、入读美术学院培训班

在暑期班学习过程中,通过广州美术学院师范系的宣传橱窗我了解到从8月底开始将开办为期一个学期的美术培训班,学费要八百多元,这对当时我的家庭来说是很大的负担,那一年家里的收入还过得去,同时到广州美术学院学习的同伴只有我到9月就进入高三了,虽然当时冯启教师帮忙将我转到香山中学就读,但毕竟冯老师在指导高三美术生考术科高考方面没有经验,回到高中学校又没有专业的美术教师指导,很难确保专业可以考上广州美术学院,结合自己的情况在得到父母同意后决定参加培训班学习。1988年8月底,受西江洪水影响,客船停航。到9月初才到广州美术学院学习,到校后我已经是比较迟才到的一位学员。在师范系的培训班学习,因大学生都回校了,住宿紧张,培训班的男生只能安排在建筑工棚的通铺上,条件艰苦,夏天闷热,冬天寒冷。而上课又安排在背后的小学租课室上课,走路要绕到江南路才能从正门进入,我们都走小路到画室,诸多因素令好多人无所适从,但对于贫苦人家出身的我来说,这些都不是问题,我更投入地学习,每天画画,努力将专业学好,晚上因条件等,没有安排课程,也不能到画室去训练,只能蜗居在宿舍自己画速写和素描,好多同学都会比较自觉地练习。

在培训班,接受了更系统的训练,包括命题创作、图案设计等内容,假期就跑到美术学院各系的画室去观摩大学生的作品,有时也去

图2-1 笔者在广州美术学院的鲁迅雕塑前

美术馆观赏不同画家和画种的美术作品，不断汲取艺术的营养，充实自己，开阔自己的眼界。但在长达一个学期的学习中，因同伴已经回学校就读高二，自己孤身一人，没有了相识多年的朋友的帮扶，心感孤寂，在画画到了瓶颈期时难免会有些自卑，对这一学期的学习没有太多美好的回忆，只有伤感。特别是在生活费用完，而家里寄钱还没到时，更影响学习的心情。后来认识一位当模特的朋友，就通过他介绍去广州业余大学的美术专业班当兼职人像模特来赚取一些费用，这些都影响到了自己专心学习的情绪，导致专业提升不够快。一个学期的培训班结束，虽学有所成，但心感彷徨。

四、高考落榜

回到家后继续自学训练，也开始学习文化课，边学文化课边学术科，还记得在应届文化复习阶段，教我们的张矛开历史教师，见到我们长时间在外面学习术科，文化课复习时间短，就主动辅导三位艺术生进行历史科复习。学校也提供了一个较为偏僻的瓦房给我们美术生进行训练，师弟师妹知道我是从广州美术学院集训回来的，水平较高，都要我指点，我就协助教师管理美术室，也基本形成了师兄带师弟师妹的学习氛围。到了美术考试时候，当时实行的是校考政策，也就是你想报考哪所学校就预报名，初审合格后参加考试。根据自己的意愿，我报考了广州美术学院师范系、华南师范大学美术系和肇庆师范专科学校美术系，可能是缺乏应考经验，美术成绩在广州美术学院只过了大专线（当时有大专班），华南师范大学没有过线，而最后考的肇庆师范专科学校美术成绩分数达到240分的高分。原来的想法是有机会考上大学就不错了，在广州美术学院的学习开阔了我的视野，非常渴望到广州美术学院就读，知道这样的成绩后，极受打击，回想自己求学的艰难经历，心有不甘，但所有的已成事实，唯有专心学好文化课，争取有机会被广州美术学院师范系的大专班录取来实现愿望，所以在填报志愿时（当时实行先填报志愿后高考）就没有报肇庆师专的志愿。经历酷热的7月，完成文化高考，到发榜，文化课成绩取得440分（标准分），还是比较理想的成绩，毕竟我在新圩中学就读时，高一、高二都没有很好地学习高考方面的文化课，到了当年3月考完美术后转回香山中学才用了不到四个月时间学习文化课，

成绩已经确定可以上大学专科线,特别期待能够被录取到广州美术学院。

到县城一间私人的照相馆拍毕业证照片时,在与老板沟通过程中,他知道我是学习美术的,也到过广州美术学院学习过,估计觉得我水平应该很高,就约我帮他的照相馆画一张照相馆背景墙,谈好价钱就约定等我考完高考就去画,就这样我找到了人生第一份通过画画来赚钱的工作。高考后就边做暑假工边等录取结果,等到别人都拿到录取通知书时,按照录取顺序,我知道自己名落孙山了。

重进美院求学

一、重拾信心，挑战自我

高考落榜，每个人都难以接受，我的心情难以平复，在做家务与农活时也会心不在焉，母亲不断鼓励我，可以通过复读来实现梦想。失败的打击并没有让我意志消沉，毕竟当初就已经下决心，如果录取不上广州美术学院的大专，就复读从头再来。所以，很快就调整好心情，与家人商量好就开始在家复习术科与文化课，开学后先回到学校报名入班上课，与当年一起画画的同伴们在一个班上课，变成真正意义上的同学。同伴也为了学好专业，选择到广州美术学院参加升大班备考美术高考，他们也建议我一起去。可是刚好父亲因病住院，不敢轻易开口，在父亲的病情稳定与好转后，才与家人一起商量，他们同意后我就带着暑假赚到的钱作为学费继续去广州求学去了。

二、名师教习，顿悟提升

为了能够考上师范系，还是选择到美术师范系的升大班学习，这次画室安排在系教学楼背后的铁棚工厂改造成的教室中，住宿就在旁边，都是铁棚改建而成的，听说是因为上一年教室路途远等影响了教学质量，所以系领导做了调整。在这一期的学习中，得到很多名师指点，如吴正斌、盛蒙、吴雅琳、黄

图2-2 笔者在广州美术学院的雕塑前留影

增炎等美术师范系的教师，教学方法各具特点，教学风格各不相同，印象深刻的是：盛蒙教师上素描课，经常布置任务后就让学生自己对石膏像进行写生，有问题就问他，然后他就坐在门口边抽烟边看着我们画，我一般抓好形体就会请教他，盛老师这时不会走过来，只会让你拿作业到门口给他看。当时我觉得很惊讶，怎么不对照写生的角度就能帮学生指出形体问题呢？因为每一名学生对照石膏像的角度都不相同。但还是拿过去，他审视了一下我的作业，就很快指出形体的问题，当我回到写生位置对照角度去验证教师指出的问题时，才发现这位教师真的很牛，说得都对，不用对照写生角度就能找出形体的问题，我对他心感佩服。

还有上色彩课时，我是先学水彩后又学习水粉的，有一位年轻的水彩研究生黄增炎教师来上课，他说要进行水彩示范。我们立即围在一起看他示范，只见他快速起完稿，然后用水将画纸打湿，用水彩大胆铺色，画笔像在纸上跳舞一样。大家正看得入神时，突然他的画笔往地下一划一转，沾了很多灰尘进行调色和上色，这种画法与动作吓到了我们。我们不知这是何技法或是何绝技，他用地上的灰尘、水、色彩调色，画出背景非常协调的灰色，画了画面的大关系后，这位教师讲解说，水彩用笔要大胆，有时灰色可以随手拿来，比色盘上的颜色还要好。教师边讲授边演示，特别是如何用水冲出色彩、如何形成笔触、如何处理细节等的水彩表现技法，他的表现技法让我们大开眼界，耳目一新。最后的画面让我们都感觉非常震撼，都崇拜这位教师。我也立即画回水彩，尝试着模仿教师的技法来表现水彩静物。

三、满怀斗志，备战高考

在临摹中我学到了很多与众不同的、极其新颖的表现技法，影响着我今后的水彩创作。在这一期的学习中，很多教师进行了示范，加强了教学的直观性，大大扩宽了我的视野，让我可以更直观地了解各科目的表现技法。

转瞬间培训结束，第二学期在校边学文化课边学术科。又快到了术科考试的时间，原来自己一直占优势的水彩，在考前的一个月，画出的画面的色彩与效果都不好，思想波动，越紧张越画不好。在考广州美术学院前临时决定用回水粉进行考试，在考试中结合水彩的技法，将水粉的干湿技法运用得很好，感觉发挥正常，成绩出来总分是240分，其中色彩科取得90分高分，相反素描科只得73分。而华南师范大学美术系也取得240分，肇庆师专得分最高，是273分，都取得了上本科的资格。虽然对广州美术学院和华南师范大学的考试成绩不太满意，但已经比去年有较大提高，安心回校复习文化课备战文化课高考。回学校复习后不久，因为冲冷水引起感冒和咳嗽一直不好，后来去医院检查，说已经引起肺炎，所以在那个阶段只能边复习边去看医生，边打点滴边看书，前前后后大概用了一个月身体才康复。所以，这次的文化课考试受身体影响，成绩并不理想，比去年还低几分。

四、再受挫折，改变选择

　　文化成绩出来后，心里忐忑不安，总感觉录取到广州美术学院本科的机会不大，但心里感觉入大专应该没问题，所以还是在安心等待广州美术学院的录取。可惜天意弄人，同伴们的广州美术学院的录取通知书来了，我的通知书却没有到，只接到了没有被录取的通知书。当时很受打击，非常不开心，在家里暗暗独自流泪，妈妈开导我说："不怕，还有机会的，去肇庆师范专科学校读也不错了，总比别人考不上大学好，毕业出来也有一份工作。"我当时心里想：开始就觉得考上就成，无论是什么学校，只要毕业后有一份国家工资，能改变家里的生活，不要一辈子靠天吃饭。但去了广州学习美术后，志向高远了，更喜欢那里的学习氛围，进入广州美术学院读书是我的梦想，毕竟已经奋斗了这么多年，怎能甘心呢？但现实又是这样，任凭你如何努力，还是不能遂愿。等到肇庆师范专科学校美术系的录取通知书到来，没有一丝的开心，但父母亲还是与亲戚朋友分享了儿子考上大学的喜悦，毕竟当年他们都希望子女们都能够靠读书来改变命运，四个孩子中唯有我考上了，面上也有光彩了。

　　而当时我面对如何选择的问题：是去读师专不加重家庭负担呢，还是继续复读为了自己的梦想考上广州美术学院呢？思前想后，还是决定复读。回到学校开学不到一周，父亲得病住院了，需要花钱治病。对于我的家庭来说，确实难以支撑我复读了，家人开导说，可以先读大专，毕业工作后自己有钱了再去读本科，自己几经考虑决定去师专就读来减轻家里负担，毕竟我

父母和二哥二嫂都为我的求学付出了很多，同时去读师专就不用交学费了，每月还有生活补助。至此，考上广州美术学院的梦想落空！

回顾在广州的求学经历，百感交集，甜酸苦辣都尝过。有时反省自己，怎么不再努力一点呢？不考高点分数呢？也怀疑过自己，是不是自己的潜能不足？会不会是眼高手低呢？也反问过自己，是不是因为自己的出身问题？按理这么努力，应该可以录取的，还有不甘心的是，花了这么多钱也考不上广州美术学院。但后来无论是在大学就读，还是从事教学工作，自己在各方面都比别人优秀一点，我在反思中顿悟，这不正是因为在广州美术学院学习打下的基础吗？

05

师专生涯，磨炼自我

在经历求学的磨炼与挫折后，我怀着失落的心情来到肇庆师范专科学校美术系（肇庆学院美术学院）报到入学。肇庆师范专科学校地处肇庆市北岭山脚下，肇庆学院美术学院是在原西江大学和原肇庆教育学院的基础上发展而来的。原西江大学的前身是肇庆地区师范学校，由广东教育行政学院于1970年下放到肇庆地区新兴县办学并因此而得名。1977年，经国务院批准改名为肇庆师范专科学校。1979年，迁至现址办学。1985年，广东省人民政府提请国家教委备案，在肇庆师范专科学校的基础上成立西江大学。原肇庆教育学院的前身是成立于1977年的肇庆地区师范学校，1980年更名为肇庆地区教师进修学院，1983年更名为肇庆教育学院。2000年3月，经教育部批准两校合并成立本科层次的肇庆学院。肇庆学院美术学院创办于1979年，是中南五省率先开办美术教育专业的院校。

入学后，经常思考，今后这两年的师专学习时间，应该以什么样的心态来面对校园生活呢？梦想破灭，是从此自我放弃得过且过，还是立足当下重选方向，回想自己的历程与家人的期望，以及刚入学时班主任罗老师的寄语，我想既然已经选择了师范专业，在哪里读都是为了成为人师传道授业，如果自己没有较强的知识与技能，怎么可能成为一名合格的教师呢？又如何可以适应教师的工作？在反思中很快调整心态融入了大学生活。有一天进入美术系领导办公室找系主任时，当时美术系的王伟副书记问起我叫什么名字，知道我的姓名后说："哦！原来你就是冼贤同学，是以专业分第二名的高分录取到我们美术系的，不错，继续努力，争取有更出色的表现。"得到这样的表扬与鼓励，我心中颇感欣慰，也回想起自己学习美术时因没有美术教师教而毅然选择了师范专业的经历，认识到首先自己要学有所成才能胜任

教师的工作,才能真正做到"传道授业解惑"。

一、学好专业课,提升自我

在师专,很多同学因为高考冲刺很累了,所以上大学就放松自己,考试及格就可以了。但我深知大学的学习机会来之不易,也不能辜负父母的教诲与期望,发誓要勤奋学习,扎实掌握的专业知识和教育教学理论知识,同时积极投入班集体,通过参与班级管理来提高自己的管理能力。当时班主任罗秋帆老师,根据我平时的表现,很快确定我担任班长协助班主任管理班级。在专业学习上,协助教师做好课前准备,如到系教具室借教具、协助教师摆放好写生道具等,做好班级考勤,各方面的表现都得到了教师的表扬与肯定。

大学的学习与高中有很大的区别,高中都是在教师的督促下进行学习,而大学是基于学生终身发展的理念开展教学,教师都是提出一个大的思路框架与要求,让学生学会自己在探索过程当中去学习,这就需要学生具有较强的自立、自主的学习能力,还要有发现问题、解决问题的能力。在平常的专业课学习中,因我的能力较好,专业扎实,同学们都感觉我的画面很好,所以经常要我帮他们指出画面的问题,有时候还要我做一个示范修改,有时隔壁班的同学也跑过来看我的画面,甚至叫我到隔壁班去指点,在相互学习中,与同学们建立了深厚友谊,有些同学还认了我为师傅,如张凤云、徐小宁两位从省艺师考上的同学。

图2-3 笔者(二排右一)出席学校学生代表大会留影

大学的专业课涉及方面很多，有素描、色彩、国画、书法，还有工艺设计等。有些课程对我们来说是全新的，比如那些工艺设计方面的、手工方面的作业，都需要学生去发散思维，自己进行构思与创作。在基础课方面，我因基础好，素描和色彩课练习时，经常有同学到我的画前进行观摩与学习，也有同学叫我指导与修改，但是到了这些需要创意的课程，就都表现得有点吃力了，我需要和同学们一起去沟通，我们成立了学习小组一起研讨，在思想碰撞后，提出构思方案，然后一步一步实施，完成一个创作。专业学习从一开始的墨守成规到学会创新，自己的思维在不断改变，学习更加主动，经常会在画室自己进行学习，或去图书馆阅读书籍提升自己的理论知识水平。正是在师专的学习生涯，培养了自己会学习的能力，在今后学习与工作中，都能够在钻研和摸索中提高自己，为自己的名师发展道路打下了坚实的基础。

二、担任学生干部，锻炼自我

因为在开学时我表现出色，班主任罗老师让我做了班长，后来我们美术系学生三大机构学生会、团支部、学生自律委员会要发展学生干部，在系辅导员练伟光老师的推荐下我担任了美术系学生三大机构中的学生自律委员会副主席，协助辅导员做好学生纪律管理等工作。同时，我也是学校学生自律委员会的委员，要在学生晚睡前值班，和纪律委员会的成员去巡查各个宿舍，监督学生按时就寝。在20世纪90年代初的特殊时期，大学对学生的约束还是很严格的，会通过学生自律委员会来增强学生的自律意识。而我因为是班干部和自律委员会的学生干部，在平时的学习生活中都会约束自己，各方面表现都比较好。还记得当年有一个同学，就是平常对自己要求不高，因偷窃别人的财物而被查处，到最后只能肄业，拿不到毕业证书。不过后来在一次大型的美术教研活动中遇见这位同学，通过交谈了解到，学校还是以治病救人、教育为目的，在离校一年后根据其表现，给予了毕业证书，让他在工作中改正错误，重新做人。在大学担任学生干部，经常要负责班务的事情，还有就是要利用休息时间出系的墙报，还要组织同学完成系辅导员交给我们的任务，早操的出勤、劳动、清洁等工作，在工作中我的组织与管理能力得到了提高，回想自己的经历，虽然在后来的美术教学工作中，我并没有成为

学校的领导，但在担任美术科组长时管理科组还是成效显著，说明这段经历对自己的专业成长起到了非常大的作用。

三、参与社团，提高自我

大学的学习与高中相比，压力没有那么大，可以有较多的时间处理自己的事情，所以我积极参加学校的社团活动，在社团活动中锻炼自己，如参加了黑鹰设计社团，因为美术师范生是没有安排设计课程的，所以参加设计社团是为了学习一些设计基础知识，当时认识了来自怀集的几个师兄，如温天根、梁勋等人，在他们的指导下，利用课余时间边学习边帮忙做设计的工作。还被文学社特聘为美术设计，经常给该社团的报刊画一些插图，提高了自己的综合素养。还去为社团美术兴趣班的其他系的同学授课，教他们美术的基础技法，在这些教学实践中锻炼了自己的教学能力。经常参加学校团委的志愿服务，如到端州的街道上、本校和其他的中专学校开展志愿服务活动，我专门为市民和学生画人物速写头像，受到市民的欢迎与点赞，这对提高自己的造型与表现能力有很大的帮助。因家庭经济困难，还与同班的李汉雄同学一起去摆小摊做点小生意来帮补自己的生活，记得当时周游同学从茂名石油公司送回来用石蜡做成的圣诞老人，在圣诞节前我和他冒着寒风骑着单车走遍肇庆的大中专院校去推销，在这样的过程中锻炼了自己的胆量，在历练中明白了生活和工作的艰难，于是更加认真学习，为今后的工作打下了坚实的基础。

四、教育实习，初显风采

很快到了实习时间，学校安排我们师范生到四会、广宁两个县实习，我与几个同学被安排到广宁县乡镇的古水中学进行实习，班主任罗秋帆老师曾经同我们说过："大学实习可能是你们一辈子唯一当教师的机会，可能有些同学毕业后就从事设计工作。但国家培养了你们，还是要有教育的情怀，当一名合格的教师来回报社会，人要有对社会的责任。所以实习是你们走向教师道路的前站，要用心做好实习工作，为自己工作打下基础。"古水中学地处广宁的西部,离县城约二十公里,以竹子出名,自然风光极美,但经济落后,学校条件不好,我们被安排在一间闲置的课室改成的宿舍中,我谨记老师的教诲,做好各项实习工作,敢于上汇报课和在志愿服务活动中展示自己的速写能力等。在实习学校指导教师们的悉心指导下,快速地胜任教学工作。实习工作与生活极其艰难,但我还是坚持下来了,在一个月的实习期间,我牢记老师的要求,做好实习班主任与美术教学工作,经常是早早到学校管理学生和与学生交谈做好学生的思想工作,还包括很多杂事,包括学习刻画蜡纸、手工印刷试题。学校安排实习生上示范课时,同伴都推荐我来上;在为学校留一张作品时,同伴又推荐我来主笔画一张布面的水粉迎客松作为我们实习生赠送学校的留念品悬挂在会议室。

我的人生教育教学生涯就这样在广宁这一块热土开始了,这次实习既锻炼了自己的能力,又磨炼了自己的意志,成就了今后的美丽人生。

图2-4　笔者(一排右二)在广宁县古水中学实习时与学校领导留影

五、省外写生,拓宽视野

完成教育实习后,就到了毕业创作阶段,大学毕业创作要去采风写生,这年5月,大家都在做准备,一些家庭经济条件好的同学已经买好拍照用的进口单反相机,但对我来说,这是不可能的,唯有想办法向老乡借相机,当时有位师弟有一部国产的海鸥相机,我向他借,但被拒绝了。后来只能借到一台傻瓜相机,在那个年代,能够有相机已经不错了,作为美术生,同学们都喜欢摄影,我也喜欢,也一直梦想能拥有自己的单反,但家庭条件不允许

只有放弃，这梦想一直埋在心里。我在家里通过各种办法借到足够外出写生的费用后，与同学们踏上了去湘西写生的旅程。

还深深记得我们全年级100多人，从广州火车站坐绿皮车出发到怀化站，转道到凤凰县进行写生，人生第一次坐这么久的车，还作为学生干部承担保证同学安全的责任，在20世纪90年代初，整个社会治安比较乱，教师们特别交代我们学生干部要关注车厢的环境与动向，特别是靠站停车时一定要注意提醒同学们要关上车窗以防有人偷东西，还要守好车厢两边的出入口。我们到达怀化后，去凤凰县城，然后到凤凰县的山江镇、腊尔山等乡镇采风，后来几个同学想着难得可以多走一些地方去开阔眼界，所以向带队教师申请，愿意一起走的同学组成一个小组，自己规划路线去采风写生，教师同意后我们小组在我的组织下离开大部队从山江出发去花垣县，到达文学大家沈从文先生所写的边城茶峒镇，这个镇地处湖南、贵州和重庆三省交界处，可谓一鸣响三省，后经矮寨回到湘西自治州的所在与教师汇合，再转道到古丈县芙蓉镇、张家界等地采风，领略了湘西苗族的风土人情和自然风光。读万卷书不如行万里路，写生经历，特别是小组自己规划路线，锻炼了自己规划行程、安排住宿和可能突发的危险的能力，对我来说这是一次难得的历练机会，在领略风土人情和自然风光的自然美的过程中，心灵得到净化，心智更成熟，在今后的工作中更能从容应对。

回想两年的大学校园生活，在自己的积极努力下，我每次的作业，在考评当中都被评为优异，在教育教学理论方面也是非常认真去学习，争取到了好的考核成绩。我们大专学制当时是两年，在两年的大学学习过程当中，我因认真钻研，孜孜不倦，专业学习成绩一直名列班级前茅，各方面表现优异，第一学年就被评为美术系的三好学生，第二学年评上了学校的三好学生。虽然当时立志参加专升本考试，但无奈家庭条件不允许，只能通过就业来减轻负担。工作后反思这两年的学习经历，觉得还是缺少指引，虽然取得了一定的成绩，但总觉得不够，自己的基础还是不够扎实，特别是在美术创作方面，所有都是在教师安排下进行的，自己的规划程度不够，因此毕业后不断碰壁，之后不断在挫折中提升自己，调整自己的发展方向。

第三章

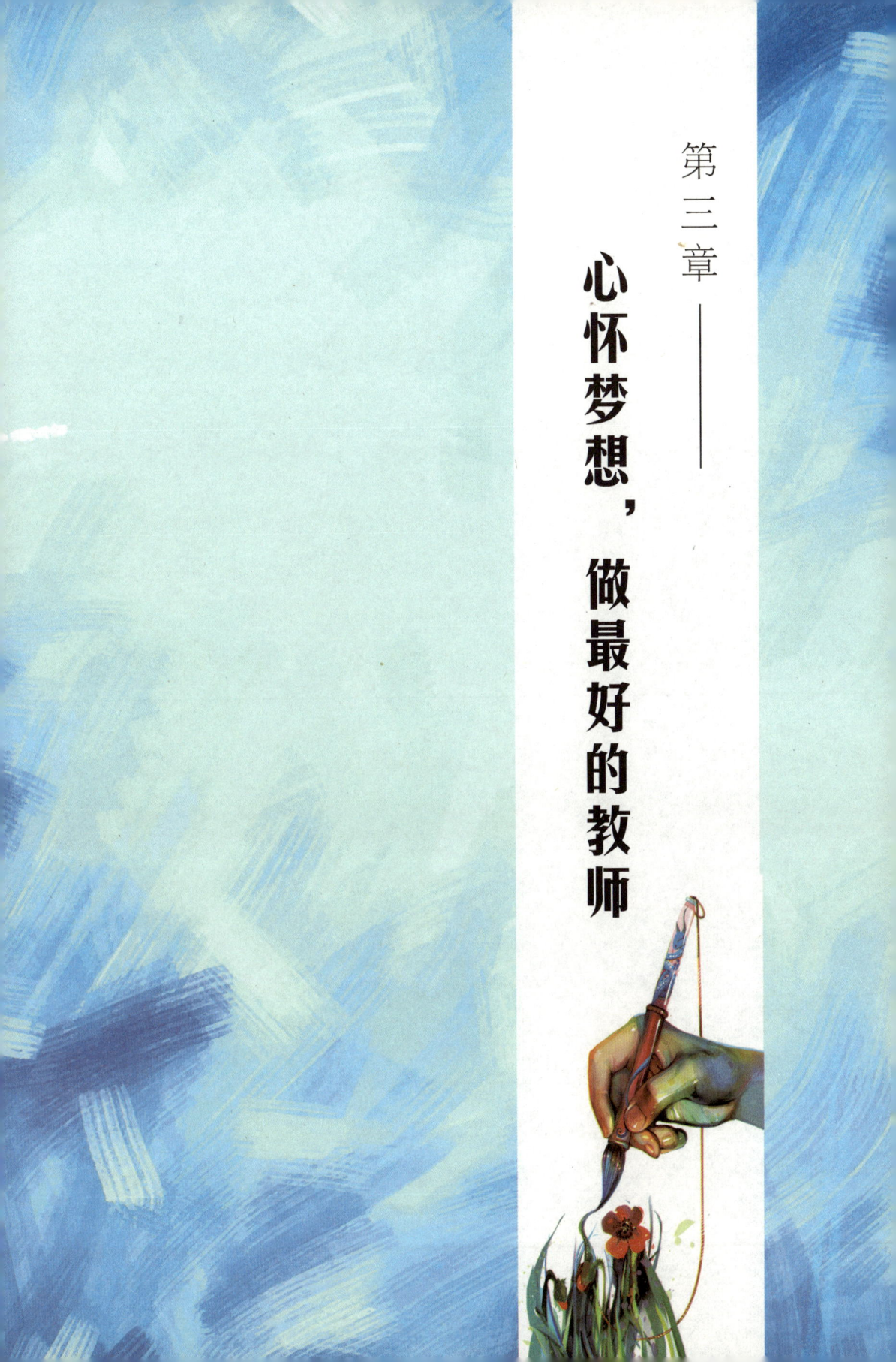

心怀梦想，做最好的教师

01 乡村教学展风采

我大专毕业后，回到家乡的一个乡镇初中任教，当时工资不高，但自己明白当一名教师所承担的责任，一直都用心教学，取得了一些成绩；但无论是初中还是在高中，在应考的指挥棒下，没有中考与高考任务的美术学科是微不足道的。在一些教师和家长心目中，美术是完全可以忽略不计的学科，学美术就等于浪费孩子的宝贵时间，至今很多领导依然称美术是"副科""杂科"。在此情况下，美术教师也自然而然地不会得到认可与尊重，美术教师在学校也似乎变成了无足轻重、可有可无的边缘人，这些因素都会影响到自己并形成职业倦怠。在20世纪90年代的社会大气候影响下，很多教师同行都下海经商了，我也受到了一定的影响，开始有些不安心教学。但回想当年自己学习美术的艰难道路与就读师范的初心，还是坚持下来继续教学，并想通过自己的努力去改变社会对美术教育的看法。

一、初生牛犊

我是公费师范生，按照当时分配原则要回生源地工作，期待能够回母校香山中学任教，辅导一些有美术特长的学生报考美术考上大学，但当时的毕业生分配政策是必须下乡工作一年才能回城。在不安中等待分配，最终来到回龙中学报到，回龙中学是一所初级中学，位于国道边上，是在当时五七干校与德庆师范的基础上建成的。离回龙镇较远，交通不便，安排的宿舍是泥砖瓦房，生活艰苦，每到夜深人静时，自己会想，今后的前途如何？这会是我的一生吗？回想大学班主任罗老师的期望，想着总会有机会回到县城的，还是坚持下来安心教学，哪怕是每周从家里回学校骑单车十几公里都是坚

持按时回校上班。但无论如何,生活与工作总要安定下来的。在农村学校教学,在校的教师家属对我们年轻的教师都是非常好的,如田主任家的田嫂和聂书记家的冼嫂(大姐),她们都在学校的饭堂做临时工,热情好客,关心我们年轻教师,经常会邀请我们去做客。学校还经常安排教师利用周六日去家访,我就跟着一些老教师下乡家访,走遍了回龙各乡村,乡亲们都非常淳朴与热情。我很快就适应了农村学校的教学。

对于我的到来,学校领导表现出很大期望,他们说:申请了这么多年,终于等到一位美术专业毕业的教师,表示要我培养一些学生考上中师美术类,要有所突破。在工作上,除了负责所有的美术课,还要兼教历史。对于上美术课,我是满怀热情,得心应手,毕竟在大学时就经常兼职上课了,但对于任教历史课,内心开始是有抵触的,毕竟不是自己的专业,但又考虑到,学校是因为缺历史教师才安排我去兼任,也是没办法的办法,又想到我自己也学习过中外美术史,还是有关联的,慢慢地就接受了,并且将学科融合,将美术与历史整合在一起进行授课。通过认真备课,向老教师学习,经常以故事来引入,教学效果比较好,在每次测试中所任教的班级成绩处于前列。在美术教学管理上,我一直严格要求学生,虽然美术与历史课在别人的眼中是次科,特别是在20世纪90年代,对于学校美育不够重视的大背景下,美术课就变得可有可无了。但我一直认为,没有经过审美的教育,一个人的人生是有缺陷的。学校是农村学校,好多学生都是农村孩子,经济不富裕,可能买纸张笔墨的钱都没有,我只能根据情况有针对地开设一些鉴赏课、素描课和速写课,特别是利用学校的风景安排素描和速写写生课程,让学生去感受校园的自然之美,在写生中去体验,增加对学校的感情。学生们也是第一次参与这种在大自然上美术课的活动,都充满激情和好奇,一些在美术方面有潜质和有兴趣的苗子就展现出来了,为组成美术兴趣小组奠定了基础。

二、组建兴趣小组

我通过美术课堂教学去挖掘苗子,组建成美术书法兴趣小组,对有兴趣学习美术的学生进行培养,又向学校申请到一间教室,亲自到广州购买石膏教具，吸引了20多人来参加美术专业训练，在简陋的环境下开始课后辅导美术学生。我与这些学生打成一片，组织团建活动，也曾经组织这些学生一起去登山和露营，以自己的行动影响他们，并向他们讲述自己的艺考艰难历程与成功经验，特别是学习美术后开启了自己的新历程，改变了自己的人生轨迹的经历。这些故事对同是农村孩子的学生来说应该是有启迪的，所以很多学生都非常认真地学习，还有寒假在美术室进行训练的，我过年后也提早回校辅导学生。时间到了5月，第一届兴趣小组中初三的学生有七八人报考了高要师范的美术专业，我与学校领导田细仁主任一起带队去参加术科考试，专业成绩都较好，可惜的是他们文化成绩较弱，只有莫锦容这位女生被录取到高要师范美术专业，后来了解到这位学生师范毕业后回到了回龙乡镇的小学任教。我也为乡村培养美术师资力量做出了努力，也展现了自己的教学能力，得到了领导与同行的认同。

在农村任教，生活清贫，我好像看不到自己的前途，所以申请回县城任教。就在工作一整年后收拾好行李，想利用暑假外出闯荡一下，并交代同事，如果下学期开学我不回来就证明我不回来教学了，可以帮忙腾空宿舍让新教师入住，好像脱离教学心意已决。

02

柳暗花明，诚心施教

因教学业绩好，表现突出，县城的二中需要美术教师，我被调到县城任教。德城二中是新的学校，是一所初级中学，后来发展到有高中。学校坐落在城东的西江边上，离自己家较近，可以边工作边照顾家里，我经常下班回家帮忙做农活。

一、诚心施教破困局

刚到学校，领导都对我寄予厚望，也希望能够培养美术尖子生考上省艺术师范学校。所以我在上好初一、初二年级的美术课的同时，也挑选美术尖子生，组织兴趣小组辅导他们。我还承担了学校的宣传工作，在还没有电脑的年代，所有的宣传都要手工进行，如书写美术字、贴横额宣传等。关于美术课，教学不只是在课堂上，经常组织学生写生、到沙滩进行沙雕制作，通过开发校本课程来丰富美术教学资源，让学生有美的感受，达到以美育人的教学目的。关于兴趣小组，不单是培养艺考生，还经常辅导学生学习中国画，指导学生参加相关的竞赛，在比赛中去感悟美术的魅力。我对所有的教育教学工作都非常认真投入，当年在二中就有一名家在农村叫梁毅彬的学生考上广东艺术师范学校美术专业。我还经常受邀回到回龙中学指导兴趣小组，指导学生参加中考的艺考，这些学生在大学毕业后都回到了德庆参加工作，填补了山区县美术教师的空位。

在认真教学的同时，自己也受到社会上一些不良风气的影响，在工作之余学会了打麻将，曾经在一段时间里，只要有空就与一群朋友一起打麻将，这影响了我的斗志，在嬉戏中迷失方向，也曾被父亲发现提醒。还好在1997

年调动到重点中学任教，在反思中审视自己的经历，重新立志破困局，及时断了打麻将的喜好，专心教学，做好教书育人的工作，朝着自己的目标迈进。

二、以信息技术丰富教学内容

到了1997年，因我的恩师冯启老师病休，香山中学需要一名美术教师，在恩师的推荐与自己的努力下我回到母校工作。在90年代末，信息技术才开始兴起，学校还没有信息技术教学设备，影响了美术鉴赏课程的开设。一次偶然的机会，在学校的物理实验室我发现了一台幻灯片机，就申请供美术教学使用，我学会了制作幻灯片，上美术鉴赏课时就拿着幻灯机与一张全开素描纸作为布幕，通过播放幻灯片来让学生欣赏美术作品，大大丰富了课堂教学内容，提高了学生学习美术的兴趣。到后来多媒体功能室建成使用，加强了美术课堂教学的直观性。当然我作为专业的美术教师，也在不断探索美术课堂的教学新模式，让学生在发现美、欣赏美和鉴赏美的过程中受到美的熏陶，修正自己的行为，达到美育的目的。一名美术教师的专业发展，离不开对信息技术的熟悉运用，当然在这个过程中，需要钻研精神，我认为自己是喜欢尝新的，对教育教学是有情怀的，为了提高教学效率，总会想尽办法来改变教学手段丰富课堂教学内容，也积极磨课与参加录像课竞赛，以此来提高自己的教学水平，这也应该是我能成为名师的一个原因吧。

在学科育人方面，经常结合本地资源整合学科教学，如学校地处香山脚下，德庆县革命烈士纪念碑就坐落在学校西边的小山冈上，我经常在美术课组织学生到纪念碑处进行风景写生，边教学边介绍革命烈士的英雄事迹，让学生受到爱国主义的教育。例如，学校东边的小山冈上，建了生物地理园，还有历史名人雕塑头像，我也是通过写生课程来让学生了解名人与他们的事迹，特别是一些近代的科学家，如钱学森、邓稼先等，让学生在写生中去认识为中国"两弹一星"事业做出突出贡献的23位科学家，了解我国在科技、军事等，让学生立志通过努力学习来报国。

在美术技法课上，我根据课程安排，对素描、国画和水彩进行教学与训练，增加学生对这些画种的认识。

03

坚守情怀，做最好的教师

"做最好的教师"应该是所有教师的追求和教育情怀，从当教师开始，我就思考如何才能做一名最好的教师。因为我从小立志学习美术，但当时学校没有专职的美术教师，只能自学，后有幸认识我的启蒙老师冯启先生，才开始正式学习美术，才有机会考上大学；毕业后一直想在高中从事美术高考方面的工作，让更多喜欢美术的学生有机会学习美术，所以我回到母校工作后除了上美术课外还进行美术高考辅导，做到有教无类，让每个报考美术的学生都有机会考上大学。正因为有着"做最好的教师"的教育情怀，从教27年，还一直坚持在教学一线。

我毕业后一直希望能够通过培养美术特长生，让更多喜欢美术的学生有机会学习美术考上大学。现在机会终于来了，争取到了学校领导的支持，建立了美术特长生学习组，设置了美术室，招收有志报考美术的学生。当时学校只有我一位美术教师，所以除了美术课堂教学外还要承担学校宣传等工作，为了实现自己的教育情怀，不怕工作辛苦，利用下午放学后的时间来组织学生进行训练，经常上到傍晚六点半才下班。在术科教学上，让学生多写生，学会观察与自己寻找问题，在问题情境中提高自己的表现能力。在学生方面，我是不会对学生的美术素养进行挑选的，只要学生愿意报考美术，就尽自己的努力去教好他们，做到有教无类，让每个报考美术的学生都有机会接受艺术的熏陶。还记得大约是在2001年，有一名女生来报名参加训练，从她的用线方面来分析，线条比较粗与乱，但贵在能坚持，她应届没有考好，但在复读时还是考上了广州美术学院。还有一年，有几个学生纪律散漫，学习美术后在我的引导下逐步改变，但还是在高二时发生了打架的事件，当时学校想开除这几个学生，我知道后就从中做工作，做担保让他们完成学业，最后这几个学生都考上了大学，其中一个还当了美术教师，在家乡竭力做好美育工作，因此我坚信每个人都是可以转变的，这也是美术教育的作用。

从1998年开始，就有学生考上广州美术学院，有了良好的开端，美术生人数不断增多。1998年有十几人，当时只是作为兴趣班去完成美术高考教学工作，所以并没有享受高三教师的待遇，当时学生到高三大部分会选择去广州培训班备考，但一些学生因经济问题选择留在德庆备考。当时学校认为只有十几人，不进行安排，让我们自己负责学生的备考，我们也只能让学生交一点儿费用，租用地方和帮补一点加班费来完成高考备考任务。通过自己的努力，报考美术的学生从2009年的两个美术班一百多人，发展到2013年五个美术班二百多人。大部分学生都是留在学校内备战高三，于是学校就开始安排我们负责高三美术高考教学工作。在时任校长梁德胜先生的推动下，我们开始规划高中各年级的美术教学用室，增添美术教学设备，基本满足学校备考的需要。美术教师也是从我自己一个教师发展到十三位教师，并由我担任美术教研组长，在自己的精心打造下形成团结协作的团队，美术高考成绩在全市名列前茅，引起市艺术教研员对我的关注，也经常让我在美术高考备考会上做经验介绍。

在高中美术模块教学方面，按照《高中美术课程标准》开足课程让学生选课，完成高中必修与选修的学分，并通过高中美术课程的教学，培养学生成为具有人文精神、创新能力、审美品位和美术素养的现代公民。在香山中学担任美术教研组长期间，从创建"市一级学校"到创建广东省"国家级示范性高中"等，我都按标准完成教育教学与准备申报材料等工作，为申报成功做出贡献。当时到学校进行高中教学水平评估的美术评委专家、惠州市实验中学周秀华副校长曾这样评价："香山中学美术学科在冼贤科组长的带领下，是一支年轻而富有战斗力、团结协作的团队，有着对学生、学校负责的责任感与对社会贡献的使命感，高中美术课程教学按标实施，取得良好的教学效果；美术高考备考成绩显著，作为一个经济欠发达的山区县，将高三美术考生留在校内备考，减轻了家长的经济负担，成就了学生考大学的梦想，为德庆的高考做出重大的贡献。"

到了2013年7月，因我县高中教学均衡发展的需要，我被抽调到新挂牌成立的孔子中学担任美术教研组长，在新的工作岗位上，继续发挥示范带头

作用，对美术学科团队建设和美术教学设备准备与教学教育理念更新等方面进行规划与实施。高中美术模块教学与美术高考备考有条不紊地进行，我负责第一届的美术高考备考，学生留校人数100多人，学生听说我过来了，大部分都不想外出，有些去广州的都回来了。当时条件很差，没有多媒体教学设备和空调，三楼画室在7至9月特别热，每天都要换二三次衣服，我从来没有在8月份感冒过，这一年备考阶段感冒了几次。画室没有安装多媒体，刚好学校有一台投影仪，我就自己组装成一台可移动的教学设备，根据教学需要随时移动。学校是新成立的，教学团队没有备考经验，我作为备课组长，就带领年轻的教学团队去研究高考，实行团队教学与分组教学相结合的方法，不断优化教学策略，自己的付出都被学校领导与班主任看在眼里。由于备考策略与方向准确，当年比兄弟学校多十几人上专A线，10人录取到重本院校。通过自己和所带领团队的付出，孔子中学首届高考就以美术高考成绩在全市领先而一举成名，改变了全县人民对新学校的认知而被接受并认可，奠定了学校教学质量优质化发展的道路。

图3-2　笔者上市级示范课

到2014年，我继续负责2015届高考，留校人数更多，复读班都有30多人。出于首届高考的成绩较好和美术生留校人数多的原因，市教育局艺术教研员就将2015届美术高考备考会安排在孔子中学召开，组织全市的主管教学的教育局副局长、副校长和高中美术教师100多人来听我的示范课，推介我校的美术高考经验，此活动扩大了学校和我在全市的影响力。到2017届，美术生过重本线人数达到41人（含往届生）。所有这些，都推动我在2014年成为市学科带头人培养对象，2015年成为广东省"百千万人才培养工程"培养对象，2018年评上特级教师和正高级教师。没有付出就没有收获！没有汗水就没有成就！

　　肇庆市教育局教研室艺术教研员、特级教师王启超教师对我有这样的评价："是从1998年负责开展全市艺术学科高考备考工作开始认识冼老师的，我觉得冼老师是一个热爱美术、热爱教学、热爱学生的好老师，他一直坚持在一线教学，在美术教学一方面有很大的成就，特别是他的学生很多都留在他身边学习，让更多的学生有机会考上大学；他是一位很有热情、有爱心，再加上有追求、有恒心的教师，通过不懈的努力在自己的岗位上做出了令人瞩目的成绩；他是肇庆市优秀美术教师的代表，他以自己的行动为'有为才有位，有名才有利'做出最好的诠释。正因为有着'做最好的教师'的教育情怀，在美育的教育下成长，并让更多的美术爱好者考上大学而成就美丽人生。"

图3-2　笔者（左一）在市级高考备考会上进行经验介绍

　　不知不觉到现在一晃已经30年了，我一直乐在其中，心甘情愿地做着"孩子王"。虽然有很多的曲折，但我从事的是自己喜欢的美术教育工作，回首自己学生时期的成长经历，正因为自己的坚持与刻苦，才有机会考上大学；正因为自己的经历，才选择当一名美术教师，让家乡更多的学生接受美术熏陶。

回炉修炼，成就自我

当今社会处于经济全球化与科技智能化的新时代，学校教育也要适应时代的发展。从高中课程标准的修订认识到，作为一名教育工作者，要思变，要更新教学理念，要掌握课程标准的教学要求，对教育教学方法要进行创新，跟上时代发展的步伐，适应新时代教育教学改革。但现在有一部分教师存在着职业倦怠，特别是处于山区的教师，职业倦怠影响着教师自身的发展，同样影响着国家教育的发展。

一、教师职业倦怠的现状与成因分析

职业倦怠产生的原因多种多样，教师的职业倦怠不是一朝一夕形成的，它受教师自身和社会现实的影响，有主观原因，也有客观原因。

（一）主观因素

在主观上，一是教师的责任意识不强，教师缺乏责任感。在一定历史时期，很多师范生都是国家分配就业，因就业情况不理想等，有些教师责任感不强，还有一些教师好不容易评上高级职称，就抱着歇一歇的心态，做一天和尚撞一天钟，带一些不重要的科目。二是教师缺乏自信心。因学生群体不同，在社会大环境影响下，不是所有学生都能按学校和教师的要求去学习，导致有些教师的付出与收获不成正比，让教师怀疑自己的教学方法是否能够适应教学发展的需要，从而影响教学的信心；自己的理想与现实存在一定的偏差，自己也很努力，却无法实现理想，因此选择自我放弃。三是缺乏学习内驱力。现在是互联网和智能化时代，日新月异，不学习就会被社会淘汰。

（二）客观因素

使教师产生职业倦怠的客观素主要表现在：一是学校的考核评价机制不公平，影响教师的积极性。在每年的优秀教师考核上，个别领导对自己的关系户给予一定照顾，结果造成被推选出的人员不能服众，群众意见很大。二是教师职称晋升机制不完善。现在学校的职称岗位实行定编定岗机制，也就是说教师的职称岗位人数是根据学校教师的人数比例定的，那必然导致一些学校的岗位形成扎堆现象，如高级岗位空缺，但中级的教师不太愿意或没有能力晋升，导致中级岗位满员从而影响初级岗位的教师晋升，这样会影响年轻教师的积极性。"反正也评不了职称，熬到退休算了吧！"这是一种不思进取的思想表现，也会导致教师形成职业倦怠。三是有些学校的教研学术氛围不浓，特别是一些山区的农村学校，学校的大局是学生不出事就好，学校没有教学教研意识，导致教师缺乏研究意识，遇到问题，不去思考，不去研究，最终形成教师的职业倦怠。

二、教师职业倦怠的自我调节与成效

教师的职业倦怠主要表现是满足于现实、不求进步；出现这种情况比的大多是中年教师，而一般学校的中年教师占比最多，他们年富力强，是一所学校的中坚力量，也经过多年教学磨炼正是出成果出成绩的时候；年纪稍大的中年高级教师具有丰富的教学实践和教学经验，他们的缺位是教育资源的巨大浪费，同样会影响年轻一代教师的专业发展。那么，如何才能改变教师职业倦怠呢？只是用政策倾斜是否可以改变呢？如现在国家对农村教师实行专项津贴补助政策等，从实施农村教师津贴补助的多年情况来看，这一政策未必能够改善这些地区教师的职业倦怠状况。我从教三十几载，一直坚守在山区县，根据自身的发展过程，我认为改变教师的职业倦怠最好办法是教师本人的自我调节。现结合我个人专业发展来谈谈教师职业倦怠自我调节的具体策略。

（一）教师要树立责任意识和教育信仰

教师既教书又育人，要为国家培养德智体美劳全面发展的社会主义建设者和接班人，这也是人民教师的光荣职责。

在乡镇中学教学，生活与教学条件艰苦，但我深知教师所承担的责任，故用心教学而不误人子弟。但当时，初中学校的教育质量，即人们通常所说的中考成绩与优秀学生升学率，是社会、家长评价一所学校好与差的最重要标准，也是学校无法回避的，在中考指挥棒下，没有中考任务的美术学科显得微不足道。在这些家长心目中，美术是可有可无的学科，学美术就等于浪费孩子的宝贵时间。至今很多领导与教师，仍将美术和体育与音乐统称为"小三门学科"。美术教师的身份与地位也自然而然地不会得到认可与尊重，同样我也会受到一定的影响，开始不是安心教学，到了1995年还是选择了外出做广告设计，但经过一年的闯荡觉得自己还是适合当教师，又回来继续从事教学工作，也正因为有这一年在外闯荡的经历，自己更加坚定要在家乡教学，也逐步爱上教师职业，开始将教学工作变为自己的事业。

（二）教师要树立终身学习的目标

教师是变革课堂教学、激发学生学习内动力的关键。教师要树立终身学习的观念，只有教师实现了全面发展和可持续发展，才会有学生的全面健康和可持续的发展。学习是需要氛围的，教师要营造一个良好的学习氛围；学习是需要感染的，一个不热爱学习的教师想让学生热爱学习是不可能的。学生们的成长更需要大量的人类文化的熏陶和人文精神的滋养。

1. 穷则思变，静心学习破困局

我大学专科毕业后本来想考本科继续学习，提高自己的专业水平，但因为家里经济困难，只能先出来工作，以后有机会再考本科。但因1995年父亲得了重病，要到广州医治，前后为此事忙碌了几年，因此误了考本科的事，但好在父亲的病情得到控制，康复得很好，还能做农活与家务，甚感欣慰。

在工作了10年后，当地教育部门要求大专学历的教师要通过不同途径取得本科学历，在其他同事还在犹豫的时候，我在2002年把握住机会报考了广东教育学院（现在的广东第二师范学院）美术系本科业余班，通过刻苦备考，顺利入读。当时德庆正大力宣传发展贡柑产业，很多在单位的人都去投资种植，有人觉得去读三年的函授本科花费几万元，不如投资去种植贡柑。三年后还可以增加收入。但我思考过后，觉得还是不好，毕竟自己是农家子弟，深知农业是靠天吃饭的。而且在高中时自己本来就是学习果树栽培的，只不过因为兴趣，选择了美术之路，如果像大家一样去种植了，一是走回头路了，二是会影响自己的教学心理，毕竟投资下去，心有所系，所有的心思都放在种植方面。再后来与同行交谈，他们都是有空就聊柑橘的事情，根本没有心思教学。

本科班的同学都是来自不同地方的教师，都是为了提升学历而来的，我非常珍惜难得的机会，从来不缺课，以接受更高层次的教育洗礼，学习期间得到孙黎等教师的教导，继续提升自己的专业技能，在学习和与同学交流中开阔自己的眼界，教育教学理念得到进一步的更新。在2005年本科毕业后，有东莞的同学建议我去经济发达的地区尝试一下，可能是我对家乡有情结，还是决定继续在家乡任教。2007年评了高级教师职称，实现了跨越。回望过去，投资种植的朋友，还是折腾在学校与果园之间，相比之下，自认为自己的选择是正确而明智的。

本科毕业后我一直坚守在山区兢兢业业地用心教学，虽然在美术教育教学上有一定的成绩，但是很苦很累，而且效率不高。有些学生在高中学习了三年美术，都考不上一所本科美术院校，有些学生考上美术院校后没有把握住自己人生的方向，中途出现退学的现象，还有就是在上美术模块教学时，学生学习的兴趣不大，甚至"他们不是报考美术的，为何还要学习美术呢？"等言论，也有在上课时出现违纪等现象。所以我反思自己的美术教育教学方向与备考策略是否正确，作为学校的美术科组长，是否会因为自己的思路出现偏差而影响到整个团队的教学思路。带着问题思考如何破解当前的困局。

图3-3 笔者在广东省"百千万人才培养工程"学习中发言

我在2014年有幸成为"肇庆市第一批中小学学科带头人培养对象"，2015年遴选成为广东省新一轮中小学"百千万人才培养工程"第二批高中文科类名教师培养对象，到2018年9月又成为"肇庆市人民教育培养对象"，通过这三个项目的培养学习，我有机会进入更高端的培养项目学习。在这几年的培养学习中，我从不缺课。每次培训的内容都丰富而紧凑，有专家讲座、跟岗学习、参观学校、听课交流、同行切磋、文化教育考察等，这些学习活动都让我产生了思想碰撞，获得的感受和启示也特别多，实现了教学风格、教学思想的较大转变。

2. 自主规划，争当"明"师

作为一名高中美术教师，在教师的专业发展过程中，要培养自我发展意识和自我发展能力。因为只有具备自主成长能力的美术教师，才会对日常的工作始终保持探索意识，通过教学反思，主动发现问题，并通过不断学习，掌握信息和更新知识，不断地改进美术教学工作方法，提高美术教学效率。在学习过程中，我不断反思自己教育教学过程中存在的问题：一是只是注重钻研如何提高自己的专业技能，注重教学生美术的表现技法，而未教学生如何学习，教学方法没有创新性；二是不注重阅读，缺乏开阔的人文视野和深厚的教育教学理论功底。所以，每次学习回来我都在思索自己的教学方法是否能够跟上时代的步伐，开始阅读教育教学方面的著作，不断进行教学反思和教学研究，开始凝练出自己的教学风格，尝试创新教学方法，提高教学效率。

正如广东省名师工作室主持人、东莞长安实验中学美术高级教师徐日扬对我的评价："结识冼贤教师缘于2014年我被聘为肇庆市名教师培养项目培养对象的实践导师。冼贤教师被确立为指导对象后，他经常积极主动、热情有礼地与我联系沟通，汇报教学情况，问询教学与课题研究的问题、困惑。他近日又来电向我报喜讯：很高兴被评为广东省新一轮'百千万人才培养工程'第二批名教师培养对象。进入工作室跟岗学习后，我与冼贤教师的交流讨论更加频密与深入，对他的了解也日渐加深。他非常珍惜跟岗学习机会，经常学习钻研到深夜，对每项任务都是认真对待，圆满完成。他这种已毕业工作20多年，却仍像在校的中学生一样勤奋好学、追求上进，又非常尊敬导师的表现，让我深受感动。冼贤教师辅导学生高考备考成绩突出，指导青年教师有方法见成效，同时精力旺盛，能同时主持3个省、市级的立项研究课题。他专业扎实，综合素养好，对教学教研工作富激情、勤探究、勇实践、善总结，既脚踏实地、埋头实干，又抬头看路、仰望星空，堪称一位有理想、有追求、专业水平高、发展潜力大的省、市美术名师。"

3. 诚心施教，实现跨越发展

教育教学工作每天都应该是新的，教学需要创新，创新能给课堂注入活力、创造奇迹。作为一名优秀教师，不能故步自封，一成不变，要让自己的教学方法常变常新。我成为在自己出现职业倦怠的时候，常通过自我调节来增强自己的教师社会责任感，把教学工作变成自己的事业来追求，把教育变为自己的信仰，坚守自己的教育情怀。教师要学会自主规划和自主发展与树立终身学习的目标，在教育教学工作要不断探索和尝试创新教学方法，从而充分调动学生学习积极性，取得最佳的教学效果，把自己磨炼成为一名优秀的名教师。

图3-4　笔者在肇庆学院为省级培训教师授课

三、教师职业幸福感的来源

百年大计，教育为本；教育大计，教师为本。为深入贯彻落实党的十九大精神，2018年1月20日中共中央、国务院下发《中共中央　国务院关于全面深化新时代教师队伍建设改革的意见》，提出要不断提高地位待遇，真正让教师成为令人羡慕的职业。未来的关键在于教育，教育的关键在于教师。教师应该真正成为一个受尊敬的职业，应该让最优秀的人去做教师。所以，我

认为自己要有内驱力，立足自主发展，做到"迷时师度，悟时自度"，只有这样才能让自己能够跟上时代步伐，才能起到引领示范作用，把自己磨炼成为一名优秀的名教师，更好地服务山区的教育事业。只有将教学当作自己的事业来追求的教师，才能感受到当教师的快乐，才会感到幸福！

我，一个山区县的年轻高中教师，以优异的教学成绩和科研成果，较快地评上高级职称，然后继续前行，又在2015年被遴选为广东省新一轮中小学"百千万人才培养工程"第二批高中名教师培养对象，同时又被聘为肇庆市艺术学科委员会成员（协助市艺术教研员开展全市美术高考备考工作）和肇庆学院美术学院外聘教师，并在2018年9月被评为广东省第十批特级教师、肇庆市人民教育家培养对象，2018年12月评上高中美术正高级教师，在2021年又评上广东省新一轮中小学名教师工作室主持人。实现了从普通教师到特级教师、高级教师到正高级教师的跨越发展，现在正向教育家型名教师转变。我想这些成绩应该是对我不忘初心、砥砺前行、为山区教育事业付出的最好回报！

05

美术创作，助力专业发展

作为一名美术教育工作者，除了要完成美术教育教学工作，还应该潜心进行美术创作，提高自己的创作水平，同时指导学生在感受与体验生活的基础上进行一定的美术创作。自己从毕业后一直忙于生计与教学工作，已经将水彩创作放下，但内心还是一直想进行水彩创作，2006年后曾经画过几张水彩，但已经很生疏了，创作观念与思维和表现形式与技法都很陈旧，创作的作品没有形成好的画面。思索多年，发现还是要参加研修才能提高自己的创作水平，适应教学新形势的需要。

回顾自己在美术创作上的成绩，在2015年11月举行的广东省第七届水彩、粉画作品展中，我创作的《勇者无惧》有幸入选，取得进入广东省美术协会资格，作品后来被肇庆美术馆收藏。时间回到2015年的暑假，在繁忙的美术高考备考工作中，回想自己的美术创作追求，报名参加了首届广东水彩画写生创作名师高研班。高研班先集中在广东省电视台进行简短的开班仪式，第二天就赴广西三江程阳苗寨进行为期十天的写生，然后又回到省电视台集中研修七天。研修过程中聆听了罗宗海、陆铎生、黎楚池、叶献文、黄增炎、李小澄、张洪亮等知名水彩画家的授课，也吸收了各种水彩创作思想与表现技法，开拓了自己的创作思维，学习回来就开始寻找创作题材，为参加广东省第七届水彩、粉画作品展做准备。

在思索题材时，刚好想起之前在元宵节拍摄了德庆当地很多炸狮子的图片，就开始翻找图片，不断筛选，结合自己在拍摄过程中的感受，根据画面的需要来挑选好图片进行组合构图，最终在十多张图片中选取了重要的人物动态与场景组合成一张画面。在创作过程中，为了不被他人影响，就经常在办公室，利用中午时间和晚上的时间进行创作，先从整体着色，大胆渲染，

图3-5 笔者的水彩作品《勇者无惧》

再快速地画出远处人物的形象，才对狮子和每个人物形象进行刻画。从远到近，从虚到实进行表现，最后从整体调整好画面的氛围，前后历时两个月。参加研修班后创作的第一张作品进入广东省第七届水彩、粉画展，非常难得，从此点燃了我对水彩创作的热情，创作出一批反映当地民俗的水彩作品。

2016年1月的春节前，又报名参加在福建泉州举办的全国第四届水彩写生创作高研班，一个人坐高铁到泉州，与来自全国各地的水彩爱好者，在导师的带领下一起进行写生与创作，在寒风中的海边写生，体验渔港的风土人情，激发自己的创作热情。同时，肇庆市美术协会经常会有省里的画家到肇庆进行写生创作，我经常争取机会参与活动，与名家们在肇庆各地进行写生，在交流中提高自己的写生与创作表现能力。

第四章

教育考察，拓宽视野

01

百闻不如一见

2017年12月25日,从广州出发,飞越亚洲、北冰洋和北美洲,跨过半个地球,凌晨我们抵达美国纽约,然后马不停蹄,坐车来到康涅狄格州。学员们还未倒过时差,便怀着激动的心情来到康涅狄格州校长中心,开始了为期21天的教育交流之旅——以"教师与学生发展指导的创新机制学习"为主题的广东省第二批高中名教师培养对象赴美研修活动,该州校长中心安排我们参访的学校有小学、初中、普高中和职高、社区大学;这些学校有公立和私立的,有一般的学校,也有磁石学校、特许学校和IB名校。我们参访了一所特殊教育学校,还聆听了6场讲座,走进课堂几十次,每位教师按学科完整观课5场以上,开展同课异构一节,进行中国传统文化展示一节。此次参访学习让我们对美国的基础教育有全方位接触,真的是百闻不如一见,可以零距离、多角度观察美国中小学的课堂教学,我们在行走访学中思考。这次赴美研修收获满满、感悟良多。

一、办学设施标准化

我们走访各类中小学发现,美国的基础教育办学设施都有统一的标准,教学楼、实验室、各类功能室和体育场馆,都是按标准和教学需求建设的,并实行封闭管理,学生进入要实行安检,学生所有学习和活动都是在封闭的大空间进行的,安全管理有保证。资源配置好,每班学生少于25人,学生的人均占有面积大,进入每间教室都有宽敞明亮之感。学校虽无围墙但教室多是密闭环境,教室的窗户多起到采光的作用,很少开窗换气。宽敞明亮的教室令学生心情舒畅,而密闭的环境可减少噪声的干扰。由于美国实行走班制

教学，教师的工作场所与办公场所并存，每间教室都可以分为办公区和教学区两部分，学生的教学区为主体部分，教师的办公区位于教室的一角。

图4-1　笔者在美国参访时现场挥毫

二、择校满足家长和学生的需求

随着美国基础教育体制的革新，受公立学校发展不尽如人意的影响，美国基础教育存在众多自主择校制度和项目，各具特色。如磁石学校、特许学校、IB学校、职业高中、特教学校和在家学习等。择校制度为学生和家长提供了更为自由的选择权利，为了追求更优质的教育，学生可以选择离开目前就读的学校，就像磁石学校以其弹性的课程和独特的教学方法，吸引不同地区有志向、有兴趣的学生前来就读，特别是数学、自然、写作等方面水平明显较高的学生。特许学校是以商业、技术为特色的学校。这些学校的存在，满足了学生和家长的不同需要，同样也培养了不同兴趣的学生，让他们具有不同特长，为就读大学和就业打下了基础。

三、资金充实满足教学需要

美国的办学资金来源于各州政府征收的房产税，各校实施走班教学，教学资源需求比较多，美国的中小学规模都不大，一千人以上的就可以用庞大来形容，因此它们有足够的课室开设各种课程，我们在走访中观察发现，每间学校的教学设施都非常充足，能够满足教学的需要。特别是选修课程，如乐器课程、机器人设计课程等，学校的教学设备都能满足教师教学和学生实践需要。

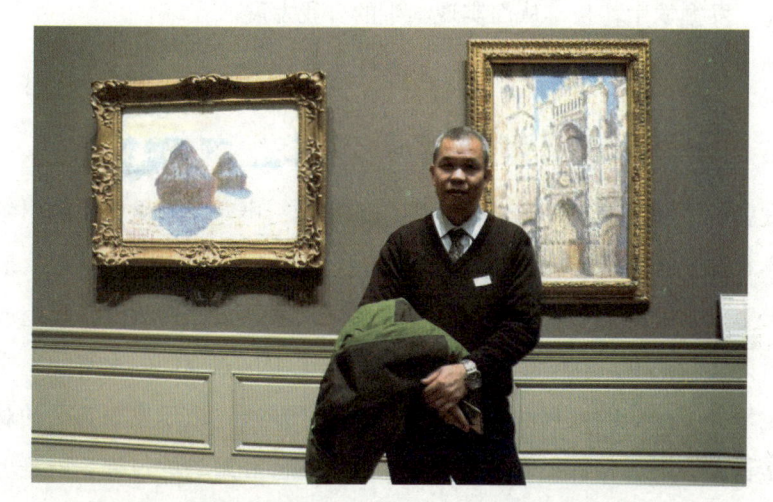

图4-2　笔者在美国参访时到大都会艺术博物馆参观学习

四、教学课程灵活多样

美国基础教育没有全国统一的教学大纲，也没有全国统一的考试，各州可以在联邦政府的指导下自主实施基础教学课程标准，并在高中实行学分制，学校开设丰富且贴近生活的课程供学生选择，学校为不同层次的学生提供合适的课程。美国中学都是走班制，开设必修课和选修课，选修课往往比必修课多得多。没有文理科、班级的概念，只有年级的概念，学生可以跨越年级选课，也可以选修大学AP课程，这是多元选修课的开设以及分层教学的需要。这次前往美国研修，我们深入课堂观察发现，走班教学确实有利于学生根据自身的特点选择合适的课程，美国学校灵活的课程标准和走班教学的制度对我们有很好的借鉴作用。

美国学校尽量创造条件满足学生的兴趣、爱好，它们会根据学生个人的潜能和水平，为学生制定适合个人的教育方案。学生对不同学科可能兴趣不

同，即使是同一门课，教学的难度和研究的方向也可能不同，这就需要针对不同类型的学生进行分层教学。对于"尖子生"，教师通常会为他们布置难度大一点、水平高一点的作业或任务，还可以通过考核让学生选修；而对于"后进生"，教师通常会布置一些容易的学习任务，以增强他们的自信。这种个性化的教学真正实现了以生为中心，教师更多的是组织辅导，培养学生的兴趣，发掘学生特长，从而实现学生的自我发展。

五、思辨的课堂促进思维发展

在思辨主题下，教师是学生视野的开拓者，更应是学生思想的引领者。参访学校中，多数课堂教学都采用小组合作的模式，教师在课堂上是组织者，学生是学习的中心，学生都很积极主动地表达自己的观点，小组成员之间的讨论比较热烈。在学生讨论、提问和辩论中培养他们的思维和思辨的能力，也培养了他们的批判性思维，使他们敢于质疑，敢于发表自己的观点。问题是否有答案、是否正确并不重要，互相提问和解答的过程，就是思想碰撞的过程，这是一种很好的学习方式。

我们走访的学校都非常重视阅读，学校的图书馆和课室里面有好多书，学生可以选读的材料很多。阅读教学的材料是开放的，学校没有统一规定要教师教哪一本教材，教师可以选择一些合适的文学作品，供学生阅读，在课堂上进行交流和分享。阅读的教学方式也是多种多样的，教师根据学生的特点选择最适合的阅读教学方式。例如，学生扮演故事中的角色和举办读书分享会等。教学的目的，是培养理性的现代公民，让学生通过主题教学掌握一种思维习惯、思维方法和探究能力。我们也真真切切感受到：课堂就应该是思辨的，课堂就应该是以多种课程资源为载体，进行探究、争鸣的。

六、多元化评价促进学生发展

美国中小学的评价体系，强调在真实的情境中评价学生的学习，注重过程性评价。学科教师根据学生在学校完成各种任务的情况，从学生在学校的课堂表现、作业完成、课外活动、社会实践社区服务等任务的完成情况等方面对学生进行客观的评价，从创造力、分析能力和理解力等多个方面定期对学生进行评价，并将结果告知学生的家长。这种通过各种外显的和内隐的方式评价学生，转化为学生对自身的期望，大大地促进了他们的创造潜能的发展。各大学在录取新生时，主要是由学生提出申请，大学综合参考学生的道德品质、兴趣特长，通过多元评价、面试等来决定申请学生是否录取，美国大学录取的多元化评价体系，打破了"一考定终身"的唯分数评价方式，对中小学课堂教学发挥了较好的导向作用。美国的基础教育，由于评价机制完备、评价方法科学，为学生营造了充满人文关怀的学习氛围，因而美国学生具备思维活跃、个性鲜明、知识面广、动手能力强的特点。

这一次赴美研修，我近距离观察了美国的基础教育，对其有了初步的认识。但因语言沟通上的障碍，及与美国师生思维方式、行为特点等，对美国基础教育还未能完全深入了解。当今世界在飞速发展，我国基础教育也在快速发展；教育教学实践无止境，教育教学创新无止境。作为一线教师吸收其注重学生思维方式的培养，适应不同学生个性等用于我们的教育教学，必能在今后教育教学上再创佳绩。

学生核心素养与高中美术课程

——基于对美国康涅狄格州公立高中美术教育的考察与思考

为适应知识经济、全球化和信息化社会的需要，国际教育界从20世纪末便开始探讨核心素养的理论架构和实践方法，形成一股浪潮，影响至深至广。在这一背景下，我国也从2013年开始制定自己的核心素养框架，并在2016年9月以课题组的名义对社会公布。在教育部的直接领导下，普通高中美术课程标准修订组的专家以对国家、社会和学生高度负责的态度、科学严谨的工作精神，进行了国际比较、调研等前期工作，准确把握了国际普通高中美术课程的发展趋势，正确认识了中国普通高中美术课程的实施环境。依据美术学科的性质及其独特的育人价值和功能，恰当地提炼出美术学科核心素养，重新构建了普通高中美术课程体系，成功地完成了《普通高中美术课程标准（2017年版）》。这一标准的颁布对我国普通高中在新形势下开展美术教学具有现实的指导意义。

2017年11月至12月，我有幸参加"教师与学生发展指导的创新机制学习"广东省第二批高中名教师培养项目，进行为期21天的美国考察之旅。其中第一站就是康涅狄格州（以下简称"康州"），考察目的是了解美国康州中小学校的办学特色和学校教学情况。我作为一名高中美术教师，特别关注康州的高中美术课程开设与教学情况，从参访学校所见和与当地校方领导和美术教师沟通与交流中，了解到康州在执行课程标准和开展艺术方面的情况，并与国内进行比较，康州公立高中的美术教育有很多值得我们学习和借鉴的地方。

一、美国《国家核心艺术标准》的特点

2017年12月5日下午，在美国的康州校长培训中心聆听了罗斯教师的"超越基本原则——美国高中艺术的独特规则"讲座，我们对美国艺术教育的现状有了清晰的认识。罗斯老师回顾了美国康州艺术教育的历史，介绍了艺术教育在学校教什么、高中艺术的表现形式以及艺术教育的课程和目标。美国2014年3月公布的《国家核心艺术标准》（以下简称《标准》），着重阐述了艺术学习与人的发展之间的关系，其中包括对身体与认知方面的发展以及长期记忆、阅读、创造性思维和写作能力方面等的影响，呈现了美国艺术教育最新的课程理念和最新的评价方式。《标准》认为，想象、研究、构建和反思是创意实践的基本过程，这不仅在艺术学习中是必不可少的，对科学和数学学习同样也很重要，学生在艺术学习中通过这些认知活动，培养了好奇心、创造力与创新能力、批判性思维与解决问题的能力、沟通与合作能力。《标准》中的基础与目标为美国幼儿园至中小学的艺术教育以及高中毕业以后的学生如何在大学或职业生涯中继续参与艺术学习，培养具有艺术素养的现代公民奠定了理念基础。美国的《标准》对我国高中美术教学以培养学生的核心素养和学科素养为目标是有一定借鉴和启示作用的。

二、美国康州公立高中的美术教育特色

2017年11月26日至12月16日，赴美研修团在美国康州共聆听了10场讲座报告，参访了16所中小学校、1所社区大学、5所著名大学，观摩了近80节课，与当地的教育官员、教育专家、中学校长、一线教师、中小学生进行了面对面对话，并在与随团资深旅美华人彭教师和程教师的不断交流中，对美国康州教育有了初步的认识。通过3周的观察、交流和思考发现，中美两国的教育有着明显的差异：中国的教育注重对知识的灌输和积累、对知识和权威的尊重、对知识的掌握和继承及对知识体系的构建，目的是培养适应社会发展的建设型人才；美国则更注重培养学生运用知识的实际能力、对知识和权威的质疑、批判性精神（思辨思维），目的是培养学生对知识的拓展、创造和创新能力，培养领袖型人才。

（一）主题驱动的学科融合

美国课堂，很多运用的都是主题驱动教学方式。教师为学生提供体验实践的情境和感悟问题的情境，围绕主题任务展开学习，让学生对任务的完成进行交流、总结，进行思维碰撞，主动建构探究、实践、思考、运用、解决高智慧的学习体系。以康州IB学校为例，它主要采取主题驱动的教学模式，即围绕主题，让学生通过各种学科和跨学科的学习，探索周围的世界。这种教学模式充分体现了一种学科融合的思维。多学科融合即在美术学习过程中渗透其他学科如数学、生物、历史等的知识，在这种情形下，学生不仅可以掌握素描、水彩、版画、油画等不同的绘画形式，增加对光影、线条、造型、构图、质感、透视等一系列绘画基本原理理解，还可以学到更为广泛的学科知识。在我们所观摩的一节美术课中，教师布置了以"人类未来的居住环境"为主题的动漫创作设计作业，要求学生结合信息技术、科学、地理等学科知识进行设计，作业信息量大，学生对各学科都有比较深刻的理解和掌握才能进行创意设计；教师组织学生对创意与设计意图进行交流，鼓励学生发表不同观点和见解。主题驱动的美术教学模式改变了传统的教与学的方式，使学生真正成为学习的主体，教师的主题设计鲜明，目的明确，能够展开有效的思考与课堂对话，让学生能够有所收获。教师除了具有辅导者、引导者的身份外，不具备其他任何权威。在教师的引导下，学生们都能够进行设计，并能够在沟通交流和辩论下修改设计方案，形成各具个性的创意方案，为真正完成动漫设计作品打下基础。在主题驱动和思辨下，教师是学生视野的拓宽者，更是学生思想的引领者。

（二）自由表达的求异思维

自由与开放是美国中学课堂的主要特色，在美术教育中，教师尤其注重对学生的独立性、创造性、自信心的培养，把"求异思维"作为培养学生创新能力的重要途径。美国教师讲课从不照本宣科，有时甚至不用教科书，他们喜欢在教学中设置种种"障碍"，鼓励学生提出疑问，然后从中求得认识和创新。在康州IB学校，我们聆听了一节美术课，教师引导学生评价学生自己创作的美术作品，我发现课堂气氛活跃，学生可以自由活动、自由发言，甚至打断教师的讲评，提出疑问，教师也鼓励学生提问，有个别学生提出了一些荒谬离奇的问题，但教师都是有问必答。在自由表达的氛围中，学生的天赋得以自然释放,课堂也就成为学生张扬个性的乐园,艺术教育正是需要使学生敢于大胆自由表达和张扬个性。

参访的公立高中学校中都有学生美术作品的展示,有学生的素描静物、色彩风景、建筑透视、拼贴作品和肖像等作品,美术作品都是学生自己原创的,这些作品表现形式和手法各有不同,作品富有创意,每张肖像画都非常生动,人物表情丰富,能够反映肖像和作者的内心世界和情感。拼贴作品能非常熟练地对不同材质进行组合和运用,呈现不同的视觉效果。美术作品题材多样,能使学生对自己感兴趣的内容和题材进行尝试表现,在自由表达的过程中培养学生的求异思维。

(三)根植心灵的墙壁文化

在康州,Canton High School(康州坎廷高中)属于传统的社区公立学校,CREC Academy of Science and Innovation(康州CREC科学与创新学校)则是在美国中学教育改革发展中产生的新事物,属于磁石高中。尽管各自的类型特点鲜明,但是两所学校存在共通之处的——墙壁艺术。在两所学校的教学区域内,都张贴或陈列着大量的宣传品。这些宣传品通常有几种类型:其一,漫画"守则",诸如"礼貌待人""帮助他人""不大声吵闹"等规则被设计成漫画贴在墙上,一目了然;其二,形式多样的励志图文,主要是学生的绘画作品;其三,与学校相关的荣誉人物,这些人物未必有轰轰烈烈的大事业,但是对社区、学校的发展起到了重要的作用。学生在这样的环境中学习,耳濡目染,身边这些规则、图文和平凡的榜样让他们相信自己奋斗的价值与可能。

从两所学校的教育布置看,墙壁文化是无形并有效的教育手段之一。以美术课为例,学生上课的教室中贴满了国内外有关美术的先进学习资料,学生可以在一种浓厚的学科氛围中思考与学习。从校园文化看,两所学校都在校园文化上下了功夫。这种艺术教育的感染力是惊人的,正所谓"润物细无声",以文化为武器,用无形的力量唤醒学生,可以充分激发学生内在的潜能与动力。正如福禄贝尔所说:"教育之道无他,唯爱和榜样而已。"

三、考察美国康州公立中学美术教育后的思考

每个人都渴望拥抱艺术,都有一颗纯真的向往艺术的心。艺术与我们的生活息息相关,在生活中我们时时刻刻都被艺术包围着,没有艺术的教育是不完整的教育,不能够发现美、体验美的人,他的世界里总是缺少些什么。要想使我国的美术教育与世界接轨,在借鉴国外经验的基础上,还要根据我国的国情来进一步推进我国美术教育的发展,使美术教育更加系统化、普及化和大众化,让所有高中生都能接受更系统的美术教育。

(一)加强对高中美术课程的管理

要让高中美术课程能够充分发挥它的重要作用,一方面国家和教育行政部门要加强对艺术课程的推广与管理,让更多的人了解美术课程,知道它的优势,这样才能拓宽实施的渠道。另一方面国家也要加强政策扶持,从教材的建设到教师的培养再到硬件设施的投入,这都需要国家建立一系列的保障制度和体系,以确保更好地推进高中美术课程。纵观美国康州的美术教育,它不仅是对技能、技巧的学习,更是通过艺术手段培养学生的审美能力,使他们懂得去发现美和鉴赏美。美术教育要面向全体学生,使所有的学生都能够受到艺术的感染和熏陶,尤其是要使那些有特殊美术才能的学生能够得到更进一步的发展。

(二)树立培养学生思维能力的教学理念

中美两国在历史文化、教育理念以及教育制度方面都有差异。笔者参访了康州的几所公立高中,这些学校的美术课堂都营造了一种良好的教学环境,课堂氛围整体轻松,注重让学生自主学习、合作交流、主动表达,尤其注重求异思维能力的培养、多学科的融合交叉。从人的全面培养角度出发,我们培养的是健全发展的人,因此缺少不了对学生思维和审美能力的培养。要想让美术教育更好地发挥作用,更好地体现人文特征,我们的教师就需要通过多种教学方法和手段来完成教学内容。而在这一过程中,还不能失去美术课程的系统性,这就给美术教师提出了新的挑战。

(三)以优质的社会美术资源来推动高中美术教学发展

美国的高中美术教育课课外内容的丰富化,以及艺术教育的社会化也给我们带来很大的启示。我国有的美术教师能充分地开发当地的艺术资源,利用现有的艺术资源让学生受到艺术的熏陶，但这种情况毕竟是少数。因此，要把学生的课外艺术活动不再变成走过场，真正地做到实处，充分地挖掘可利用的各种艺术资源，如美术馆、博物馆等，让这些社会资源能够为学校美术教育服务；把艺术家请到学校与学生面对面交流，使学生能够与艺术家们亲密接触，树立榜样意识。学校的美术教育除了培养学生的美术技能技巧外，还要深入挖掘特殊人才，建立学生艺术培养的系统。对那些在艺术方面有特殊才能的学生进行特殊培养，为培养专业艺术人才打基础。

（四）培养跨学科的美术师资队伍

美术教育属于学科教育，既与美术学科相关，也与教育学科相关，在知识的整体链条中仅是其中一环，思考美术教育问题既需要"就事论事"，也需要"超事论事"。或者说，需要思考更高位的问题。我们宛若于一条河畔日夜劳作，不能仅仅知晓河畔附近的这点事情，还需要知道这条河来自哪里、汇入哪里、最终又流向哪里。如此，我们才能知道自己为什么要教美术，怎样教美术，什么才是好的美术教育。所以，我们需要将眼光抬高，看看更高位的问题。国家在美术学科素养方面提出通过美术教育培养学生的国家认同、文化理解等的要求，美术教师要完成国家课程标准赋予的使命，就必须深入理解新课标的要求，同时要提高自身的文化修养，增加对各学科的理解，需要掌握一些其他学科的基本的知识，如政治、哲学、科学、信息技术等学科。在新时期，只有具备跨学科能力的美术教师才能完成高中美术教学的要求，才能完成国家赋予的历史使命。

四、结论

"教育就是一棵树摇动一棵树，一朵云推动一朵云，一个灵魂唤醒另一个灵魂。"高中美术课程的学习绝不仅仅是一种单纯的技能技巧的训练，而应视为一种文化的学习，只有这样，才能真正从纯粹的美术学科学习提高到文化学习的层面来，加深学生对我国优秀传统文化的热爱。从教育的角度来讲，美术课程就应该培养学生发现美、欣赏美、体验美的能力。美国作为世界上教育较为发达的国家，在高中开展的艺术教育的很多方面值得我们学习与借鉴。只是，我们对它的学习和借鉴必须把握本质，不戴有色眼镜看问

题，我们在借鉴其先进教育经验的同时，更应该根据国情与地区实际确定适合我国的教育发展模式。借鉴时一定要在坚持自己的民族特色和传承民族传统文化基础上，从国家层面加强对高中美术课程的管理，从美术课程标准的实施和教学理念的执行等方面进行引导，这样我国高中美术课程标准的才能落到实处，让每个高中生都接受真正的艺术教育，才能在培养高中生具有更好的人文素养中发挥应有的作用。

03

润泽生命的特殊教育美术教育

——观察美国特殊教育学校的美术教育有感

在2017年的寒冬，我随广东省"新一轮百千万人才培养工程"第二批高中名教师赴美研修团到美国康涅狄格州校长中心进行为期21天的研修。11月29日下午，在校长中心聆听了康州特殊教育研究员Stephen先生的讲座。他的专题讲座"一个都不能少：美国学校的特殊教育"向我们介绍了特殊教育在美国的情况。根据美国联邦政府联邦法的特殊教育法案，21岁前的特殊教育都是免费的。各州都有专项的特殊教育资金，为有特殊教育需求的学校提供帮助。特殊教育的目的：一是为学生上大学提供帮助，二是培养学生的工作能力，三是为他们能独立生活提供帮助，四是培养社会交往能力。大部分学生18岁就毕业了，但特殊教育学校的学生要到21岁才能毕业，毕业后的学生，也可以继续接受帮助；一般身残智障的孩子都会在学区的公立中小学跟班就读，校方会安排特殊教育教师一对一辅助学习，但重度身残智障的孩子，根据家长和孩子的要求，可以申请到特殊教育学校就读。

12月7日上午，我们来到了位于康州西哈特福德市的特殊教育学校根格拉斯中心学校（gengras center school）参访，学校有176位教师、146个学生，这既是一间公立的特殊教育学校，又是圣约瑟夫大学（University of Saint Joserph）大学附属的特殊教育实验基地。这是一所优质的特殊教育学校，拥有一流的教师队伍、合理的课程安排、健全的设施、完善的辅助技术，并以使特殊儿童的身心潜能最大化发展为办学目标。校长在带我们参观教学设施的过程中介绍了针对身残智障程度不同的学生实施的不同的教学方法，低年级实行一对一教学，对有需要的学生实行二对一的教学；高年级教师干预的逐步减少，让他们慢慢适应社会。课堂上的学习效率低，可以通过

实践帮助他们提高技能。美术教育也是个性化和一对一教学，结合不同个案开展不同的美术教育。美术教师要掌握这些学生的个人教育计划（IEP），要满足学生的特殊需求，最好的办法是营造一种学习氛围，让学生最大限度地融入课堂，在学习活动中感受到快乐；教师还设立了学生个人美术教学档案，让他们感觉自己是艺术家，这是以润泽生命为理念的特教美术教育。

一、因人而异的个性化美术教学

该特教学校的学生群体在3~21岁，主要来自哈特福德市和附近城镇，招收公立学校不能满足其教学需求的重度残疾或障碍学生，包括孤独症、发展迟滞、健康障碍、学习障碍、言语与语言障碍、视力障碍、盲聋、情绪障碍、智力障碍、肢体障碍、脑外伤等学生。由于每个特殊学生的具体情况不同，哪怕是同一类型的障碍也有程度上的差异，特殊教育不可能采用标准化和统一化的教育教学模式，同样美术教学模式也不能标准化，而是根据每个学生自身的实际情况采用个性化的美术教育方案。可以让学生选择自己喜欢的形式，可以用线、色彩和图形来表现，根据学生的残疾或障碍情况由教师来量身定制课程，采用教师与学生一对一或二对一的教学模式，如对视力障碍的学生可以安排用橡皮泥做手工课，让他们在动手过程中去触摸感受简单物体的形状，去领悟艺术造型美的特点；对于智力障碍的学生就可以让他们用色彩以简单的线条或图形去表现自己的想法，感受线条和图形的节奏与形式美感；对于肢体障碍的学生，因为他们思维比较完善，可以设置以造型表现自己情感的美术创意课程，在美术创作过程中锻炼其身体的协调能力。培养其表现与创意能力。特教学校的美术教师根据学生的特点设置适合学生的美术课程，体现了其因材施教的教学理念，也更能让每个孩子平等接受教育。

二、以体验与感受为导向的美术课堂

学校的学生都是重度残疾或障碍学生，所以美术课程的教学要求与同年龄阶段的学生不同，特教学校的美术教学是以对艺术作品的体验与感受为主的教学，而对艺术作品的感受和体验是没有标准的，教师应该引导学生体验美术作品不同材质、形式和内容特征所引发的心理反应。如有学生喜欢色彩，特教教师就会让学生用不同的色彩去表现，不同色彩可以表现不同心理与想法，教师观察学生用色彩表现时的心理反应；美术教室挂有学生手工美术作品——圣诞树，是用色彩与图形制作而成的，从作品可以看出，学生的造型能力和表现是不成熟的，但受学生的特质因素影响，只能用简单不同色彩的三角形表现，这个作品更多的是反映特教学生对圣诞树的形体感受，让这些孩子在学习过程中体会形式美，去感受快乐的节日氛围。

参访时也看到了表现人物表情的绘画作品，作品用简单的色彩、图形和点、线、面去表现，头像图形虽然简单，但表情丰富、神态各异，能够表现出学生的内心世界；教师从注重美术知识的传授转变为引导特教学生感受与体验作品，再结合学生自己的生活经历、审美理想，通过一定的艺术语言表达对美术作品的感受和认识。教师在学生动手过程中去观察学生的心理和生理的变化，最终目的是使这些学生能和普通学生正常交往，为今后更好地融入社会打下基础。

三、个人美术学习档案见证学生的发展

特教学校为每个特殊学生建立了个性化的专门特殊教育个案（IEP），并提供给每个孩子解决自身问题的技术保障与支持，包括需求语言、行为、心理等方面的专家；这个个案制定好后学校的教师必须严格执行，在IEP上要体现学生每年的进步计划，必须保证学生每年都有一定的进步；同样，每个学生在每个学科都有学习档案来见证学生的发展，学科学习档案是IEP的组成部分；美术学习档案包含：一是根据每个孩子的残疾或障碍情况制定的个性化的美术教学策略，二是记录学生在美术学习过程中的行动、思维、心理和情绪的表现与评价，三是学生每个阶段的美术作品与教师的评价表等。

档案可以检验个案是否对学生本人的学习有帮助，可以监测学生的美术学习对本人的残疾或障情况的改善情况。学校根据学生每学科的学习档案情况，综合IEP定期进行评估，由家长、特殊教育教师、助教、评估专家等组

成一个专家团队，给每位学生制定相应的改进方案。如果IEP方案制定后得不到执行，家长可以通过法律诉讼要求学校整改。建立档案，有利于特教学校及时调整教学措施以保证个性化教学的有效性与连续性。

在参访过程中了解到该校的教职工很多都在大学任教，教师具备极高的专业素养，在一对一的帮教中，需要极大的毅力和耐性，在特殊教育领域展示出非同寻常的奉献精神、承担义务精神以及不俗的成就，我们为之动容和震撼。正因为有这样的教师，在美术教学上才能实施针对每位孩子的个性化教学，以体验和感受为导向，让这些孩子感觉自己像艺术家一样，培养自信心和成就感，才能通过美术教育去润泽生命。反思我国当前的特殊教育，虽然有一些特殊教育学校，但是特殊教育法律不完善，社会关注度不高，教师队伍缺乏特教专业素养等，课程安排和教学不一定做得到个性化，导致很多身残智障的孩子失去了平等接受教育的机会，这是需要我们教育部门深思和改进的。

（本文原载于《广东教育》杂志综合版2018年第7期）

美国AP美术课程的启示与思考

2017年11月至12月，笔者有幸参加"教师与学生发展指导的创新机制学习"广东省第二批高中名教师培养对象为期21天的赴美国康涅狄格州教育交流之旅，康州的高中学校都开设有AP美术课程，对于AP课程，在赴美研修前我只是略有听说，但未有真正了解。从参访的多所高中了解到，每位学生在读AP美术课程之前，都需要提前参加为期一年的AP美术预科课程，通过考试选拔后才能进行正式的AP美术课程学习。笔者与参访学校的师生进行了沟通，对它的教学理念有很大的感触，与国内高校美术专业招生考试模式进行了对比，发现美国的AP美术课程对国内针对高中美术生的教学有借鉴意义。

一、对AP美术课程教学的观察与思考

AP课程全称是Advanced Placement，是美国大学先修课程。它指由（美国大学理事会）The College Board提供的在高中授课的大学课程。美国高中生可以选修这些课程，在完成课业后参加AP考试，得到一定的成绩后可以获得大学学分。AP美术课程的教学内容主要取决于任课教师，没有统一的教学大纲，教学内容、教学过程都由AP教师自己设计。但教学目标是高度一致的，理事会给出了一整套完整的教学评价要求供教师参考制定相对应的课程。

在康州校长中心的安排下，我们走出校园和课堂与当地师生进行交流，深入了解到AP美术课程主要分为两类：与艺术史有关的西方美术史（Art History），与美术技能、技巧有关的工作室艺术（Studio Art）。

工作室艺术通过绘画作品集（Drawing）的方式对学生的综合绘画能力与创作能力进行全方位的评价，以一组作品来展现学生艺术方面的能力，可以考查一个学生的艺术基本能力、创作思路。它通过不同的绘画形式如素描、水彩、版画、油画来让学生对光影、线条、造型、构图、质感、透视等一系列绘画最基本的原理基础有所了解，并通过练习来提高；每个学生的作品集都包含三个方面的评估标准，作品的广度（Breadth）、作品的深度（Concentration）、作品的品质（Quality），每个方面分别对应不同的艺术能力。AP课程注重培养学生的综合能力，如演讲能力、沟通交流能力、组织能力、领导能力等；AP课程还注重引导学生独立思考，培养学生主动学习、自我管理等能力；在教学过程中课程着重培养学生多元化表达、创新等方面的能力。

（一）注重学生多元化表达能力的培养

AP美术课程的评估标准中的作品的广度（Breadth），是为学生提供了展示其综合性绘画的机会，解决绘画问题的方法和绘画思路，要求学生掌握一定的美术技巧。由12幅作品组成，没有规定具体的绘画内容，通过速写、素描、色彩等不同的绘画形式从静物、风景、肖像、人体等方面进行训练。考查学生对线条运用的程度、对肌理质感的表现、对形状的概括、色彩的组合能力、对空间透视的认识等。鼓励学生勇于尝试，表现想法。

参访的高中学校中都有学生的AP美术作品展示，如CREG Academy of Science and Innovation（康州CREG科学和创新学校）等校园宣传栏中就有学生的素描、透视和人物肖像等作品，这些作品表现形式不同，但都是学生原创，富有创新性，肖像画都非常生动，人物表情丰富，能够反映肖像和作者的内心世界。正因为作品题材多样，更能鼓励学生对自己感兴趣的内容和题材进行尝试表现。这与国内高中美术生课程教学方法单一，缺少多种艺术形式互相融合有很大的区别，表现多元化的美术作品同样能够让学生展现自己的个性，这正符合艺术教育的本质，艺术是多样的不是唯一的，要让美术作品更有广泛性。

（二）注重学生独立创作能力的培养

AP美术课程的另一个评估标准作品的深度（Concentration），要求学生有独立的能力进行绘画创作，要求学生制定一个主题，通过12幅绘画作品把自己的构思完整地表现出来。学生的心声（Student's Voice）是这一标准中最重要、最基本的要求，所有作品都统一在一个核心主题下，需要每个学生设定一个主题并进行深入研究。

作品与作品之间要有紧密联系，不仅是题材，还包括材质等各方面，从而形成一个作品系列，在作品完成后学生要写两段创意说明；评估标准更多的是考查学生的创新能力，同样可以更好地培养学生独立完成作品的能力，围绕一个主题的创作使学生的思维得到开发，让学生的作品更具深度。

在康州IB学校（East Hartford International Baccalaureate Academy）参访时，AP美术课刚好在上油画人物肖像课程，我们走进教室观课，发现每位学生都在忙着准备上课的素材和工具，从资料收集、笔记和画框都是学生自己在做，而教师只是在一边引导学生；同时观察到有一位学生在笔记本上密密麻麻记录了一些肖像画的创作题材、年份、内容与对画作的理解，同时也记录了自己创作肖像画的思路与心得。AP美术课程还要求学生像艺术家那样——阐述创作目的、用何种手段进行表现、如何评价等，不仅要体现出熟练的技巧，还要展现对于艺术创作的自信，以及作品之间的统一、连贯性；这些教学要求让学生更有自信和兴趣进行美术创作，既可以培养学生的自信心，同时也可以培养学生的独立创作能力、语言表达能力。

（三）注重学生创新思维能力的培养

图4-3　纽黑文市艺术教育中心学校油画创作室

AP美术课程的另一个评估标准作品的品质（Quality），是基于作品的广度（Breadth）和作品的深度（Concentration）的，学生要在两部分所有24幅作品中选出5幅最好的作品，展现他们的能力。高质量的作品体现了作者的创作意图、原创性以及对画材的控制力。最佳作品能自如运用各种材质的媒介并完美展现作品主题，通过作品展现出作者的自信、创新并能表达作者的心声。评估标准要求学生的创作必须是原创的，这可以培养学生在学习创作过程中的创新能力。

2017年12月6日下午我们去了纽黑文市艺术教育中心学校（Education Center for the Arts），这是一所磁石公办学校，包含28个学区，能来这里上学的学生都是成绩非常好的，该校开设视觉艺术课程，学生学习油画、雕塑、摄影、版画等，该校以艺术为载体让他们有更好发展的机会，更好地发挥自己的创造力。我们观摩了一个油画创作课程，学生并不是在对一个模特写生，而是各人在自己画架前进行人物创作，各人的题材与形象各不相同，每位学生都有自己的主题和构图，保证了作品的原创性，学生勇于尝试和探索，展开自己的想象，在画作上大胆地运用特有的元素与色彩进行创作，主题立意与表现能够表现出自己的心声，作品所呈现出的画意引人入胜，所有学生的作品都具有创新性。

二、我国新时期美术高考的变化

随着我国美术高考考试制度的改革，从早几年中央美术学院本科招生部分考题"用绘画的方式描绘你想象中未来转基因鱼的形态""以图文并茂的方式完成一件可行性的'飞天梦幻'作品""制造10个惊喜送给父母"等考试，到广州美术学院2018年本科招生考试考题，色彩、素描与速写三科都是文字描述，以考查考生对文字的阅读理解能力。广州美术学院招生办相关负责人曾表示：挑选优秀的学生是高等院校培养人才的第一个环节，基于艺术教育的基本思想和人才培养模式的特殊性，广州美术学院坚持认为，本科招生专业考试的目的，在于考核考生最基本的造型观察方法、表现能力和审美判断，以及创造意识和艺术个性。因此，专业考试无疑为考生提供了展示才华的机会——以一个完美的亮相踏上通往艺术殿堂之路。

从以上信息我们可以分析出一个明显信号：我国美术高校的招生考试方式在逐步改变，高中美术生的美术与文化素养基础对美术高考备考非常重要，学生的文化积累、创新能力的高低会影响他们的考试成绩，所以针对高中美术生的教学与培养方式要进行变革，以适应新时期高考形势变化的需要。

三、AP美术课程对国内针对高中美术生的教学的启示

AP美术课程在美国作为大学先修课程，考试时重点考查高中生的综合绘画能力与创作能力、多元表达、创新的能力；而我国的高中美术生要报考国内美术院校就要参加大学的选拔考试——高考，虽然二者在不同体制下有不同形式，但艺术的要求应该是一样的，学生作品的广度、深度和品质也应是我国美术院校招生考试的重点考查内容。所以针对高中美术生的教学可以吸收AP美术课程的教育教学理念与要求，改变以前单一化、模式化和套路化的教学模式，改变以传授应试技巧为目的而忽视创新能力的教学方法；通过让高中美术生选修注重培养学生创新能力的美术课程，如美术绘画创作和美术基础设计，让他们在学习过程中培养自己的情境意识（在情境中有欲望）、问题意识（在问题中能思考）、方法意识（在方法中求技能）、探究意识（在探究中求创新）、创新意识（在创新中能个性）与评价意识（在评价中能表达），最终达到培养学生的多元表达、创新能力的目的；只有这样才能真正达到人才培养与选拔的教学目的，我们的学生才能接受新时期新变化的挑战。

（本文原载于《中国中小学美术》杂志2018年第6期）

07

海创"小导游"

暮春三月,草长莺飞,2023年3月20日下午,依照研修行程安排,广东省中小学名教师工作室主持人团队(音、体、美、信息学科)来到杭州市未来科技城海创学校参访。海创学校是一所全新的学校,仅有四年历史,但由于办学理念先进及所形成的社会影响,每年都吸引着来自全国不同地区的教师团队前来参访。在校方极富创意的安排下,该校四年级某班的学生与我们结成"一对一"导游组合,全程由"小导游"带领我们参观并介绍学校的情况。我曾多次走进全国各类学校参访,由小学生作为"导游"来讲解参观这是第一次,我充满好奇又极其期待接下来的奇妙体验。

一、审美感知的体验

我有幸认识了"小导游"谭梦琪同学,小女孩梳着可爱的麻花辫,白净的瓜子脸,犹如月牙的眉毛,还有一双水灵灵的眼睛,透露出江南女孩特有的灵气。刚接触时小姑娘略显腼腆,说话声音也不大,她先从学校的雕塑开始介绍:"这是我们学校的雕塑,好像一棵嫩芽,同学们都很喜欢的,叫它'海创芽',也有称它为'海创萌宝'的。"当她要转身带我去下一个参观点时,我突发奇想叫住梦琪同学,我问她:"你可以告诉我这个雕塑所包含的意义吗?"她似乎对我突如其来的问题有点不知所措,脸上露出不好意思的微笑,只是说雕塑像小树芽,我又问:"那叶子里有'0'和'1'的数字,是代表什么?"她说:"不知道!"于是我按照自己的理解告诉她:"计算机中的'0'代表假,'1'代表真。另外,计算机中所有的信息都将转化为由'0'和'1'组成的代码,然后进行存储和传输。这两个数字应该是想说明学校注重培养学生求真去伪的品质和科技与创新意识。"后来在听章献明校长讲座时才知道这个雕塑是他亲手设计的,他还亲自调色,雕塑以刚发芽的小苗为造型,叶子镂空出"0""1"的重复排序,整个雕塑呈现出黄绿渐变色调,作品象征着初生的嫩芽在信息时代茁壮成长。艺术课程标准中的审美感知,具体指向审美对象富有意味的表现特征,以及艺术活动与作品中的艺术语言、艺术形象、风格意蕴、情感表达等。感受和审美各有不同,这也考验了学生们的审美感知能力,雕塑没有固定名称,章校长的用意是突出学生们的审美主体地位,让他们为雕塑起自己喜欢的名字。凸显了艺术标准中审美感知的培育,有助于学生发现美、感知美,丰富审美体验,提升审美情趣。

二、艺术表现的体验

走进教学楼中厅,有许多美术作品正在展出,小梦琪逐一为我介绍,走到一张作品前,她骄傲地昂起头微笑着对我说,这是她的美术作品,我会心地笑着表扬了她的作品的精彩之处,同时询问她画中小女孩各种表情的含义,她说不同的表情表现了害羞、惊讶、伤心、开心、疑惑等。在家里有客人来时会害羞;出去春游见到很多花草,特别是见到特别漂亮的花朵,会非常惊讶;有时也会因为在生活与学习中碰到不顺心的事情而伤心大哭;也会让自己很疑惑;同样取得一些成绩会让自己很开心!"小导游"在为我讲述画中人物的表情时眼中充满了光,那是对学习与生活热爱的光,是对未来充满期待与希望的光,她那稚嫩又满怀自信的脸庞在这一刻深深触动了我。小学的美术教育,不只是传授知识与技能,还要注重学生综合素养的培养,《义务教育艺术课程标准(2022年版)》的课程目标指出:艺术表现是在艺术活动中创造艺术形象、表达思想感情、展现艺术美感的实践能力。艺术表现包括艺术活动中联想和想象的发挥,表现手段与方法的选择,媒介、技术和艺术语言的运用,以及情感的沟通和思想的交流。

章校长是美术科班出身,从学校展示的不同类型的雕塑可以看出,学校的美术教学紧扣国家艺术课程标准,如让学生用树叶、废纸拼贴出不同造型的雕塑,让学生参与公共艺术作品的制作等。艺术表现能力的培养,有助

于学生掌握艺术表现的技能,发现艺术与生活的广泛联系,增强形象思维能力,涵养热爱生命和生活的态度。

三、做中学的体验

"小导游"还带着我参观了学校的"海创粮田""海创橘园""海创动物园"等场馆,看到如此别具一格的校园,我不禁思考:这是一位什么样的校长?他让学生们的生活、学习、艺术融为一体,实现教育的生活化。这又是怎样的办学理念?校园中的一草一木在谭梦琪的介绍下似乎都有了情感,她走在校园中那自信与骄傲的步伐,让我感受到在这里读书是幸福的一件事。当我们走到一片桃花林里,她兴奋地说有一棵桃树是他们班的,去年桃子成熟后,他们班每人都分到了一个桃子,好开心呢!参观时我也有过疑问,这些场馆是否摆设多于实效呢?在随后的讲座与查阅资料中,我的疑惑全部得到解答:这些劳动教育场景是真实存在的,农作物是分季节种植的,这就是章校长"五育并举"的办学理念的体现。作为一所新创办的学校,它没有单纯地追求以考试分数为目标的所谓"教学质量",而是提倡劳动教育与学科高度融合,让学生们收获与分享劳动成果,让学生们真正体会到学习的快乐,从而培养学生们的综合素质,使学生实现多维度成长和持续的发展。

在参观过程中我不断设问让"小导游"梦琪来回答,表面看似故意为难她,实则是想一探小姑娘的应变与思维能力,从她的临场应变中亦能真实反映出海创学校的教育理念。例如,到图书馆时会问她喜欢阅读吗,到体育馆时会问她喜欢什么运动,她还非常骄傲地说:"我喜欢跑步,因为体育教师说我有这方面的潜力,我还在校运会上短跑项目中得到第三名呢。"在参观完毕时,要从二楼下到一楼的报告厅时,她问我:"老师,您是想坐电梯还是走楼梯?"我反问她:"你想让我坐电梯还是走楼梯呢?"她笑了一下,思考片刻说:"走楼梯吧!多运动好!"我说:"好。"二人就一起走下楼梯来到报告厅,到此参观行程结束。梦琪拿着评语卡要我对她的导游表现进行评价并写上评语,我笑着问她:"你觉得自己的表现如何?我该给你多少颗星呢?"她腼腆地说:"还好吧!十颗星中应该可以得到七八颗吧。"当然作为表扬与鼓励，我肯定是给了十颗星的，但也思考着："都是写好的，对于她的发展是否有帮助呢？"这是值得思考的，如果是我来设计评价，从孩子们终身发展的角度出发，可能会设计成自我评价与访客评价两部分，这样可以让学生们会反思自己讲解过程中的语言表达等方面是否还能改进。

　　章献明校长安排"小导游"，并不是因为学校的接待参访活动多而要动用学生来应对，这是他的办学理念与教育思想的体现，弥补了学校常规课程中缺失的实践与体验课程，无须担心学生们因做"小导游"而影响学习，因为让学生们在做中学，学会与人沟通本身就是学校教育不可忽略的一部分。章校长提到：学校没有打印解说稿给学生们，都是让他们临场发挥，鼓励学生们用自己的话来解说，也建议我们多向学生提问，培养他们的应对能力和语言表达能力，达到教学实践目的。从梦琪同学在整个过程的表现来看，应该是达到了此活动的实践目的。

第五章

校本课程，教学相长

01 互联网与中学美术校本课程教学

随着现代科技的发展,学校的光纤网络已安装到课室,网络越来越多地应用于美术教学过程当中,成为我校美术教育最具特色的一道风景线。它不仅能刺激学生的视觉和听觉,而且能有效地唤起学生的兴趣、情绪和思维,在有限的教学时间和空间内最大限度地提升教学效果,充分调动学生学习的积极性,进一步激发学生的学习兴趣,开阔学生的艺术视野。在美术课堂教学中,运用多媒体手段,可以产生色彩绚丽的动态画面,逼真传神,能让学生的多种感官参与感知,在脑海中留下具体、鲜明、深刻的印象,有利于启迪学生的直觉思维和形象思维,使其有身临其境之感。正如爱因斯坦所言:"想象力比知识更重要,因为知识是有限的,而想象力概括着世界的一切,推动着人类进步,并且是知识进化的源泉。"我认为,利用互联网进行美术校本课程教学,有如下几个方面的意义。

一、利用互联网提高了课堂教学效率

互联网极大地缩短了知识和信息传播的时间和周期,同时形式更加生动,方法更加简便,范围更加广泛,效率更加高。互联网已经成为人们获取信息和对外交流的一个重要方式。我们的美术教学也可以充分利用互联,获得新的美术教育资源,开发新的教学内容,探索新的教学方法。

在我校美术高考班的教学中,教师可以通过网络收集各省、各高等院校每年术科考试的试题和优秀试卷并加以分析,了解美术高考的动向、美术高考的评分标准的变化,然后结合本校学生的情况制订科学的美术备考训练计划。例如,我校美术高考色彩科在前几年都是平均分最低的科目,通过分析

考生的情况，上网了解我省的色彩评分标准的变化和考生优秀试卷画面的变化，及时调整和制订针对色彩科的训练计划，我校高三美术考生在2011年术科高考中色彩科平均分高出其他科目7分，达到74分，可见该方法对增加我校美术考生术科上线人数起到了很大的作用。

在具体的美术教学过程中，使用互联网教学有着直观生动形象的特点。例如，高中美术班上素描静物写生课时，可以先让学生观看教学视频，教师先利用学校的网络搜索"素描静物写生"视频进行筛选，选出好的教学视频同步或者下载让学生观看。网络可以在传统的美术教学中将信息用鲜明丰富的色彩和悦耳的声音传递给学生，以增强其注意力和学习兴趣，这很重要，美术教学实践证明，兴趣是最大的动力，也是最好的教师。只有学生对其感兴趣，才能吸引学生主动去学，最大限度地激发潜能，从而使学生想学、爱学。在大趋势之下，美术网络教学势在必行。

二、利用互联网使课堂跨越了时间和空间

互联网的出现压缩了时间和空间。互联网的即时性和便利性，使时间和空间都得到压缩。学生个人的作品在网上呈现出来以后，在一个空间里，可在互联网上进行跨地域甚至跨国家的展览和讨论。也可以开展学生之间、学校之间、省市之间和国际的学生作品、教师教学成果等方面的交流。在所有的美术课堂中，学生是一切教学活动的中心，在网络营造的氛围下，很容易便能获得以人为本、和谐发展的情感体验。在教学过程中，我们可以运用网络收集众多美术图片、影像，并将它们运用到美术课堂教学中，给学生视觉、听觉等全方位的身心体验，对其多种感官形成冲击，从而唤起其内心对美的追求，使其在轻松、愉快的环境下接受美的教育。

例如，建立美术班的QQ群，将我收集到的每年各省份的优秀高考试卷、自己的教学示范作品步骤、学生优秀的作业等上传至QQ群空间共享，让学生交流。将本校好的美术考生作品和兴趣班的书法、国画、漫画作品上传到学校的网站，让兄弟学校的教师和学生进行网上交流。对美术教学的网站进行筛选，挑选一批好的美术教学网站供学生查找学习资料使用，缩短学生上网查找的时间，提高了学习效率。

三、利用互联网激发学生的艺术情感

利用互联网教学还可以对学生进行情感培养，使学生成为具备健全人格的人，以便适应激烈的社会竞争，促进学生审美观念的多元化发展，在网络教学中高亢的、低沉的、舒缓的教学风格，都能感染心灵，甚至能够超出时空的界限，激发学生的艺术情感。

例如，教授高一美术鉴赏课程人教版《高中美术鉴赏皇权的象征——故宫建筑群与天坛》时，随着网上故宫的建立，不用到北京，只要上网搜索点击网站就可以全方位领略中国传统文化的精品，"进入"故宫博物院。故宫是中国建筑的代表，它又称"紫禁城"，是明、清两代的皇宫。位于北京旧城的中心位置，是我国现存最大最完整的古建筑群。占地72万余平方米，南北长961米，东西宽753米。四周有高达10多米的城墙和宽52米的护城河围绕，城墙的四角还分别建有角楼，组成一座森严的城堡，它是最能体现中国古代建筑风格的作品。通过互联让学生对中国建筑艺术的经典——宏伟壮丽的紫禁城有初步的了解和认识，重点介绍建筑对封建皇权大一统思想的具体体现，故宫体现古代礼制思想、帝王的绝对权势，给学生以强烈的精神震撼。

四、利用互联网拓宽学生的视野和创造性思维

互联网拓宽了学生的视野，使学生学到的知识更全面多样，同时也培养了学生收集知识、获取信息的能力，互联网美术教学能够拓宽美术学习的思路和视野，培养创造性思维。

例如，我们教授美术校本课程中的德庆龙母祖庙、德庆孔庙、德庆三元塔，可以上网搜索"德庆县旅游网"点击景点视频让学生欣赏、认识和探索三个景点的建筑艺术，去认识龙母祖庙石雕、砖雕、木雕、灰雕的精湛技艺；陶塑、壁画的逼真神态，蟠龙花岗岩石柱的深雕和部分透雕工艺、奇妙的防洪、防虫、防雷设计；了解孔庙中宋、元两代木构建筑的风格和特点，大成殿"四柱不顶"的独特的建筑艺术；欣赏我国"古塔四绝"之一三元塔。

在现在提倡素质教育的大形势下，美术教育应该注重学生艺术创造力的培养，艺术不单是教学生技能，更要让学生动脑去想象、去创造。运用互联网教学可以利用丰富多彩的图像，包括平面的、立体的，甚至是光影结合的，多角度、全方位的素材来发展学生的形象思维。例如，在高一开设的摄影艺术校本课程时，就可以利用很多摄影的网站、摄影教程、摄影论坛等。利用这些网站上课，使课程内容更丰富，不但活跃了课堂气氛，更唤起了学生进行审美想象和创作的欲望。

如上所述，互联网教学有其明显的教学优势，是现代教学的趋势。但在实际教学中，美术的教学还是要有对传统教学的运用，言传身教是必不可少的。对学生进行面对面的教学是美术教学非常重要的一个纽带，手把手地教也很重要。在教学实践中，美术教师要掌握美术知识，提炼教学重难点，提高自身业务水平，深入了解网络，只有这样才能做到胸有成竹，事半功倍，才能运用好互联网教学，才能使教学效果达到最佳。总之，在当今科技不断更新的时代，互联网教学的内容会更加丰富，美术教师要充分、正确地利用互联网去优化课堂教学，培养学生的创造力和想象力。

02

高中新课改下校本美术课程的开发

《普通高中美术课程标准（2017年版）》的制定，体现了我国普通高中美术教育的培养目标，即鼓励学生在感受、体验、参与、探究、思考和合作等学习活动的基础上，进一步学习基本的美术知识与技能，体验美术学习的过程和方法，形成有益于个人和社会的情感、态度和价值观。通过课程改革，要构建符合基础教育要求的具有时代性、基础性和选择性的美术课程体系，为不同兴趣和专长的学生提供进一步发展的平台。为了达到这一目标，教学方式的多样性是必不可少的，但仅仅教学方式多样并不能从根本上达到新课程改革的目标，还需要教学内容上进一步地丰富和完善，除了对学生进行全国统编教材的教习外，还应该根据各地的地域特色、民族习惯等来编写贴近当地具体情况的校本教材，来完善新课程改革的教学内容，培养学生的发现及创新精神，从而达到新课程改革的目标，培养对社会、国家有用的人才。结合我校的情况，接下来谈谈开发和实施校本美术课程的意义。

一、校本美术课程可以传承地方的民俗文化

对于中学生，特别是农村的中学生来说，美术作品是遥不可及的，他们总觉得美术作品是在博物院、美术馆等地方陈列、受严密保护的。这是以前美术教学片面强调全国统编教材教育所形成的一种相对片面的认识，事实上并非这样。随着社会的发展，美术的概念变得更广泛，也赋予了美术新的含义。美术也包括地域性很强的地方民俗美术，地方民俗美术融会了民俗、工艺制作、宗教艺术，以鲜明的地方特色而著称于世。地方性的民俗美术文化立足于本土，体现地方民族特色，我国地大物博，地方民俗美术内容丰富，

贴近生活，源远流长。

如我科组开发的美术校本课程之一德庆龙母祖庙，龙母祖庙始建于秦汉时期，距今已有2100多年的历史。龙母祖庙与广州陈家祠、佛山祖庙并称为"我国岭南古建筑的三大瑰宝"，是我国古建筑的光辉典范。龙母祖庙以其悠久的历史、别具一格的建筑艺术文化而扬名海外。2001年6月，被国家列为重点文物保护单位。龙母祖庙是为纪念龙母而兴建的，庙中祀奉的是民间传说中伟大的女性龙母，龙母生前为西江流域的老百姓做了很多好事。历代皇帝对龙母均有封赐，因此其有"膺封十数朝，享祀二千载"之誉。龙母故事久传不衰，家喻户晓，深入人心。龙母去世后，西江一带的老百姓一直怀念这位有德于民、有功于国的女中豪杰，就在她的坟墓旁修建了一座庙宇，借以寄托怀念之情。通过我科组教师的开发整理和授课，我校的高中生了解到了我县的优秀民俗文化和独特的建筑艺术，增加了学生对家乡民俗文化的认识。

二、校本美术课程可以培养学生的民族自豪感

我们不停地在说爱国主义精神的培养，却忽视了爱国最基础的要素——热爱自己的家乡，不从小的方面做起，不谈爱家乡而直接谈爱国，就好比不建地基而直接建高楼。

如我科组开发的美术校本课程之二德庆孔庙，德庆孔庙被称为"国之瑰宝"，以古、奇、雄、厚四大特点而为世人称道，是我国南方现存最古老、规模最大、最具特色的孔庙。1996年11月，被国务院列为全国重点文物保护单位。德庆孔庙集殿、坛、阁、祠、庑（也就是廊）以及池、桥等各式建筑于一身。其中大成殿和仰圣园更是特色显著，被誉为我们孔庙的两大镇庙之宝。在古代，随着儒学的南传，德庆大规模发展教育事业，在德庆最鼎盛的宋代，就兴建了德庆孔庙，一是为纪念孔子，二是为增加对文化教育的重视。德庆是岭南孔文化的重要传播基地，仰圣园则是孔子历史文化长廊。大型瓯塑艺术《孔子圣迹图长卷》是文化长廊的重要组成部分，反映了孔子生平事迹，是我国最为古老的"连环图画"，起始于汉代，从刻到画，从石到纸，至明朝时才完善。这部瓯塑为岭南最长，长卷由65个经典故事组成，长

为61.2米，高为1.8米，上配宋制挂落，下设置雕花柱头和护栏，气势恢宏、典雅古朴，是一件展示孔子生平和思想轨迹的精湛艺术巨作。这些通过我科组教师的开发整理形成教材，使我校的高中生了解到孔庙独特的建筑艺术，提高了学生对孔子思想文化的认识，培养了学生的民族自豪感。

三、校本美术课程可以培养学生的探索和创新精神

广泛利用校外的各种课程资源，如美术馆、图书馆、公共博物馆及私人博物馆、艺术家工作室、艺术作坊和有关工厂、车间等，聘请美术专业工作者和相关人员参与美术教学，开展多种形式的美术教育活动。尽可能运用自然环境资源（如自然景观、自然材料等）以及校园和社会生活中的资源（如活动、事件和环境等）进行美术教学。地方民俗美术文化，多是以古建筑为主体的传统人文景观，包括民居、祠堂、庙宇、文塔、园林庭院，以及这些建筑内或在同期比较突的出具有代表性的生活、装饰用品。

如我科组开发的美术校本课程之三德庆三元塔，它坐落于德城东南方风景秀丽的白沙山上，建于明朝万历二十七年（1599年），距今已有400多年的历史。它的建筑结构独特，为楼阁式穿绕平座砖塔，平面呈八角形，外观为9层，内为17层，塔高约58米，塔壁厚3.8米，用青砖建造而成，而塔基则是用红砂岩和花岗岩砌成，塔脚八个方位各有一个石雕托塔力士，神态各异。塔内几何线条精确匀称。如今它以"只新不旧"的美誉而闻名于世。三元塔"只新不旧"的来由——当年沈有严倡议在白沙山建三元塔时，大家都认为是一件好事，于是有钱的出钱，有力的出力，但是有一个财主，他信奉佛教，喜欢清静，一天村民们到他家，催他出钱的时候，他正在打坐念经。这位财主为了尽快打发走这些村民，以便自己清静下来念经，于是就说"三元塔要建到'只须新，不许旧'的话，那么他就出全部的批荡（"抹灰"）费用"。后来三元塔建成以后，工匠一改过去用土朱灰浆来批荡的做法，全部采用名贵的银朱灰浆来批荡，这样一共用了九百九十九斤九两银朱，而银朱本身是一种不溶于水且在空气中比较易氧化的矿物颜料，所以它能够经得起风吹雨打，日晒雨淋而不褪色。因此三元塔自建成以来，虽然经历了400多年的风雨侵蚀，但时至今日，却仍然鲜艳如新，故享有"只新不旧"

的美誉，这也是三元塔被当代古建筑界列为我国"古塔四绝"之一的原因。通过学习德庆三元塔，让学生去探索了解独特的建筑结构和"只新不旧"的成因，培养和提高学生的探索和创新能力。

　　通过教授美术校本课程中的德庆龙母祖庙、德庆孔庙、德庆三元塔并开展参观探索活动，让学生自己去探索龙母祖庙、孔庙、三元塔的建筑艺术之美，让学生在探究活动中学会发现美。

03

校本民间美术课程资源的开发

《普通高中美术课程标准（2017年）》指出：通过本课程的学习，除了为学生提供进一步发展的平台，还要提高学生对传统文化的理解与传承，从而达到育人的目标。还应该充分发掘当地民间美术资源来丰富美术教学内容，从身边的民间美术去认识中华优秀的传统文化，达到培养学生对中华文化传承与认同感的目的。

一、引导学生探究本土民间工艺美术，理解民间美术与生活的关系

"美来源于生活，却又高于生活"，中华民族的先辈们在日常劳动与生活中，创造出非常有生活气息、极具美感的优秀民间美术作品，不同地域、不同民族和不同质地的民间美术工艺品，都给各民族人民的生活带来了方便与美的享受。同样，当地民俗文化和民族元素是渗透到了民间美术中，现代很多设计作品也融合了民间美术的艺术形式。如广州塔，又称为"小蛮腰"，它结合了中国的编织艺术，呈现"纤纤细腰"。外国设计师都可以将中国民间美术元素运用到现代设计上，作为美术教师更有责任将本土民间美术融合到课程教学中，将中华优秀的传统文化艺术传承下去。

进入21世纪，中国的经济快速增长，民间美术中的技艺、纯手工的生活器皿有些已经被现代制造工艺、新型材料所代替，对民间美术的保护与传承，已成了刻不容缓的当务之急。我们的美术教学对民间美术文化的重视程度不够，所以学生对当地民间美术了解甚少，因此美术教师要引导学生对民间美术进行体验与探究，给学生创造自主探究学习的环境和氛围。开展课程教学是进行美术教育的重要手段，在各版本的美术教材里，民间美术的内容

已经占有一定的比例，体现了民间美术的重要性，要通过课程教学让学生重新认识民间美术。同时，我们可以把当地民间美术元素融入课程，可以把家乡的剪纸、编织纳入手工课，把刺绣、扎花灯融入图案设计课程；还可以让学生寻找当地有一定历史年代的物品：食盒提篮、铜盆、铜镜、绣花鞋、青花瓷、彩陶人物等，把每个同学家里的宝物汇聚在一起，在学校设立一个小型的民间美术博物馆，让所有同学观赏，让他们直接去认识和感受民间美术的艺术魅力，并进行探究学习，去理解民间美术与生活的关系——丰富人民群众的生活，达到美的享受，加深对民间美术和传统文化的理解，促使学生自觉地加入保护民间美术的行列，起到传承中华传统文化的作用。

二、引导学生参与传统节日活动，了解中华民俗文化的内涵

中国传统文化源远流长、博大精深，我们有责任在传承的基础上进行发扬光大。然而在较长的一段时间里，青少年盲目推崇西方文化以及日韩文化。美术课程承担着"立德树人"的教育功能，国家的发展和民族的未来都寄希望于青少年，培养青少年的民族意识和民族自豪感是美术教育的重要任务。在教学过程中，应充分向学生展示我国的艺术精品，引导学生理解中华艺术的深刻内涵，可以帮助学生增强民族自信心和民族自豪感。

中国传统节日蕴含了深厚的民族气韵和文化底色，当地传统的节日是当地民间美术的大荟萃。可以通过校本美术课程让学生参与节日中的民俗活动，亲身去探究和体验活动形式，在民俗活动中去发现最具特色的民间美术，进一步感受民俗文化的内涵，如德庆的元宵节民间艺术大巡游中的舞龙舞狮、醒狮采青等表演，以往学生去观看都是在看热闹，通过校本民间美术课的教学，引导学生在观看表演中领悟舞龙舞狮的文化内涵。一直以来，龙在中华民族中都代表着吉祥、尊贵和勇猛，狮子是勇敢和气力的象征，人们认为它们能驱邪镇妖、保佑人畜平安，会在喜庆的日子里舞龙舞狮来祈求风调雨顺、五谷丰登；舞龙舞狮是中华民族传统的文化艺术，是中国传统文化的象征之一。通过美术课去介绍龙狮制作的传统技艺与图案的艺术特点，通过学习让学生认识狮头传统制作技艺承载和蕴含着的厚重的历史，和所具有丰富的文化内涵和艺术价值，增加学生的乡土情怀。

三、引导学生鉴赏当地建筑艺术，感受中国建筑的文化魅力

开发和利用地方资源的意义非常大，可以帮助学生厚植乡土情怀，认同自己的文化，进而达到自觉传承本地区的优秀文化的目的。每个地域都有不同的民间美术教学资源，有自然、人文环境、传统技艺和民俗文化等，要因地制宜并结合教学实际需要，充分进行挖掘与梳理，收集与甄选具有教育教学意义的素材，编写好民间美术校本教材，让学生们充分认识当地的艺术。地方文化旅游资源是一个天然博大的民间美术宝库，如德庆的孔庙、三元塔、龙母祖庙、金林水乡古建筑群。有古老的纺车和水车，有民居威武的门神、年画和对联等。教师可以引导学生鉴赏当地的建筑艺术。

如我校开设的德庆孔庙、德庆三元塔、德庆龙母祖庙等本土民间美术课程，引导同学们在旅游中进行体验探究，随时用相机、画笔收集、记录民间的建筑，认知建筑上的画栋雕梁、石刻砖雕；通过参观学习，感受德庆孔庙（德庆学宫）"四柱不顶"的艺术魅力；通过让学生探究自主学习，认识三元塔"只新不旧"的建筑艺术特点；通过讲授与视频学习，了解悦城龙母祖庙的排水系统泄洪快捷的特点。通过这些课程，学生对当地古代建筑艺术有了更深的认识，感受到了当地建筑艺术的文化魅力，更喜爱自己家乡和祖国的文化，起到了传承中华传统文化的作用。

四、结语

在高中美术课堂教学中，用多种多样的方式去推介民间美术，将本土民间美术课程与美术教材整合不仅丰富了课堂内容，有助于学生熟悉当地民间美术的形式，理解其中的视觉语言，还激发了学生的学习积极性，开阔了学生的艺术视野。在教学民间美术的过程中，要引导学生突破思维，回归人类纯真的本性，培养学生形成有益于国家与民族的情感观念和民族气质。民间美术教育也可以使当地民间美术得到有效的保护，更重要的是有效地保证了当地民间美术的传承，让学生逐渐从文化的角度去观察和理解民间美术，了解民间美术与中华民俗文化一脉相承的关系，认识中华优秀传统文化的内涵和魅力，进而传承与发扬中华传统文化。

04 校本课程与教师专业发展

"校本课程开发"一词最早是由菲吕马克（Furumark）和麦克墨伦（McMullen）等人于1973年在爱尔兰阿尔斯特大学召开的国际课程研讨会上提出并加以阐述的，他们当时把它界定为学校中的教师对课程的计划、设计和实施。北京大学徐玉珍教授给"校本课程开发"所下的定义比较全面：校本课程开发是在学校现场发生并展开的以国家及地方制定的课程内容的基本精神为指导，依据学生自身的性质、特点、条件以及可利用和开发的资源，由学校成员自愿、自主、独立或与校外团体、个人合作开展的，旨在满足本校学生学习需求的一切形式的课程开发活动。

《普通高中美术课程标准（2017年版）》第四部分实施建议中的教学建议提出：教师应创造性地使用美术教科书，根据学生、学校和当地的特点对教学内容进行选择、改变和再创造；灵活利用当地自然和文化资源，积极开发校本课程，增强美术教学与当地自然和文化特色的联系。美术教师的专业发展是学校美术课程特色形成的前提，也是学生个性基础的必然保障。因此，美术课程资源开发对美术教师专业发展有促进的作用。

一、完善美术教师的知识结构

社会在不断发展，美术也在不断演变，作为美术教师，在关注教育改革的同时，也应密切关注美术的演变与发展。《普通高中美术课程标准（2017年版）》所倡导的美术教学活动，需要美术教师具备较高的理论素养。由于长期以来，我国美术教师培育课程只是注重美术理论知识的学习和鉴赏美术作品能力的培养，而忽略了理论结合实践的培养，许多美术教师都缺乏综合实践方面的素养。校本课程开发意味着教师要对知识进行构建和重组，同时也意味着他们要对教学实践进行反思和探究。课程知识是指教师的本体性知识、条件性知识以及实践性知识。本体性知识是指教师所具有的特定的学科知识，如美术、音乐和信息技术等方面的知识。条件性知识是指教师必须具有的教育学和心理学方面的理论知识，这方面知识都是在大学期间通过系统的学习而掌握的，但必须在教学实践中运用。实践性知识是指教师在开展教学过程中结合教学理论实施的教学方法和开发校本课程时所具有的关于客观现实的背景知识，它具有明显的经验成分。

能否获得实践性知识是衡量教师专业发展水平的重要标准；从专业发展的角度看，教师的成长离不开教育教学实践。如果不结合教学实践去谈教师的发展和成长，那就失去了基础。所以，教师的专业发展只能在实践中实现。例如，我们美术科组教师开发校本课程中的德庆古建筑艺术鉴赏——悦城龙母祖庙时，就需要教师在编写教材时对古建筑艺术的布局特点、陶瓷和陶塑的制作工艺、龙母的民俗文化等方面的知识有一定的理解和掌握，这样才能将课程编写好。编写过程中美术教师要结合在教学实践中积累的知识，并结合学生的认知特点对教材知识进行筛选，开发出具有本土特色的校本教材。在这一过程中，教师的课程意识、课程观念等会发生相应的改变，教师的知识也会得以增加，知识结构得以完善。

二、提高美术教师的教学能力

斯坦福大学的舒尔曼教授（L. Shulman，1987）将教师素质的核心理论称为"学科教学知识"（Pedagogical Content Knowledge，PCK），具体包括：学科内容知识、一般教学法知识、课程知识和学科教学法知识；而教师素养包括学习者与学习者特征的知识、教育情境脉络的知识、教育目的与价值及哲学、历史学基础知识。这些领域的知识是通过教师日常教学实践与反思得以形成的。教师只有这样才能不断充实和提高自己，才会最大限度地走进学生的心灵世界。关注每位学生的成长与变化，从而实现高起点上的自我超越，把新的教育理念转化为教师自觉的教育行为，提升教学能力。

另外，美术校本课程开发蕴含着一种"以学生发展为本"的理念，必须

以了解学生为前提,如我校美术校本课程德庆民间美术鉴赏——醒狮的图腾形式美反映的是本土民俗文化,学生的参与程度高,学习兴趣浓厚,有利于课堂教学活动的开展;而且由于教师本人参与了课程开发活动,所以对本学科的知识性质、知识结构、呈现方式等有了新的认识和理解,提高了自己驾驭课程和课堂的能力,这样教师的教学能力也就自然得到一个提高。

三、提升美术教师的科研水平

教师的科研能力是指善于从教学实践中发现问题,针对问题进行探究,创造性地提出解决方案,并通过实施新方案解决问题的能力。美术校本课程开发使教师由单纯的课程"执行者"转变成了"参与者"与"决策者",使教师由"经验型"向"专家型"发展,要求教师从事课程行为研究,并在此过程中提升自己的研究能力。只有教师具有开发课程所必备的理念、能力与精神,校本课程开发才能顺利实施。同时,美术教师必须提高本专业技能,培养课程开发的技能,增强对课程的责任感,并提高团队意识。校本课程的开发对教师来说是一个民主参与、权责分享的过程,它充满挑战,是教师不断实现自我价值的过程,也是教师不断提升自己专业水平的过程。

校本课程是一种新兴的课程资源,是与统编课程、地方课程并列的,是新一轮课程改革中亟须研发的课程资源。要因地制宜,结合学校的师资力量、教学资源、学生实际,突出课本多样化、特色化的特点,注重学生的个性发展,注重教师特长的发挥,努力开发美术校本课程。比如,开发美术校本课程德庆籍艺术家系列——欧广勇(欧广勇,广东肇庆市德庆县悦城人。现为中国书协创作委员会委员,广东省书协顾问,岭南书法篆刻艺术研究会会长,岭南诗社副秘书长。欧广勇以书名世,能画能诗、能篆刻,书法朴拙雄浑,大气磅礴,自成一体,具有强烈的视觉冲击力和情绪感染力)书法艺术赏析时,要对书法家的生平事迹和书法艺术特点进行介绍,因此教师必须对他的书法有较深的认识,那么就要研究和了解汉碑中《礼器碑》《张迁碑》《西狭颂》《石门颂》《郙阁颂》《校官碑》等碑帖范本的风格区别,还有秦小篆、先秦金文、魏晋名碑等。在研究中赋予负责开发的教师一定的自主研究权,充分调动全体教师积极参与课程开发的积极性,为参与教师提供创造空间，促进了教师专业发展。

　　由此可见，校本课程开发的顺利推进，需要教师的专业知识作为支撑，同样美术校本课程开发也是教师成长的有效途径，校本课程开发与教师的专业发展具有内在的统一性。教师在参与校本课程开发的过程中，专业素养得以提升，而美术教师专业素养的提升也为校本课程开发提供了条件。

第六章

教育实践，以美育人

01

美术教学中融合品行教育的实践

曾经有过这样的报道，在应聘某企事业单位工作职位的面试中，有些应聘者能力很强，笔试成绩很好，但因在应聘过程中，没有敲门等里面通知就直接推门进入面试室或对地面上的一张废纸视若无睹而被淘汰，有一位应聘者能力一般，但因懂得敲门进入，并发现地上有一张废纸就随手捡起放到垃圾桶才坐到面试的座席而被录用。有些应聘者质问面试官表示不服，面试官回答说：一个人的品行比成绩更重要，品行好的人可在今后工作中培养工作能力。这个案例给我们教师的启示是要在美术课堂教学中融入学生品行教育，提高学生的公民道德素养。

一、美术课堂融入教养教育

我们经常发现一些学生可能因个人性格等，见到教师都低头擦肩而过，不会见到教师叫"老师好"，学生向教师或同学请教问题时不会说"请问"，或者教师辅导学生后，学生不会向教师说"谢谢"。特别是现在，受社会风气和网络影响，教师职业成为一份高危职业，得不到社会和家长中一部分人的尊重，这些思潮会让学生缺乏对教师的尊重，面对教师的辛勤付出毫不动容，更不会说"谢谢"。这些都是没有教养的表现，学生以自我为中心，粗暴当勇敢，愚昧当质朴，可笑当幽默，口无遮拦当随性直爽。

针对这些现象我会在上美术课上通过一些文章进行教养教育，教养是一个人成功的基本因素，需要从小开始培养，我们要注重学生教养的教育：微笑是最美的表情，微笑向人问好，是每个孩子应该学会的，见人大大方方打声招呼，这样会给别人留下美好的印象；对有些内向的学生，我会主动向

他打招呼，让他习惯这样的见面方式，到后面就会习惯向教师打招呼了；在课堂上经常引导学生注意和做到：不说别人坏话，不随便动他人物品，对待教师、服务员、路人或是路边捡垃圾的老者都要有礼貌；公共场合应该有文明美观的坐姿和不要大吵大闹等等。通过在课堂中融入教养教育，学生的精神面貌有很大的改变，学生逐步明白：一个人的能力决定了一个人飞得高不高，一个人的教养决定了一个人飞得远不远。

二、美术课堂融入品格教育

德育是学校教育中的首要环节，对学生养成良好行为习惯有着重要意义。用"品格教育"这一称谓体现了德育的生活化，还其人本来应有的品质，如关怀、公平、尊重、责任、感恩等。我们在教学管理中，要求学生以校为家，爱护学校和社会的公物，自律等等。但在平时，我们经常发现一些学生对公物不会很好爱护，对要承担的清洁任务不会认真对待，做事马虎了事等。特别是我校每年都要组团带美术学生到广州参加美术术科高考，考生们都有很多行李，很多男生不会主动帮助女同学，这些都反映出学生的品格不够高尚，没有责任意识和关怀心理等。

在美术学科课堂教学中，很多教师会忽略品格教育与学科融合，导致学生的品格教育没有连续性。所以我在课堂上除进行美术知识和技能教授，也关注学生的品格，如发现学生不关心和尊重同学与教师，就会穿插进行品格教育，强调一个班集体的学生之间没有相互关心、相互尊重和包容，就不会形成一个好的集体，这样的学生今后在工作中不会融入团队，会影响终身发展。

三、美术课堂融入环保教育

为培养学生的环保意识，配合学校文创的行动，我首先从自己的美术课堂抓起，通过观看我在台湾拍摄的情景图片和视频，向学生介绍如何实行垃圾分类。垃圾分类虽然是简单动作，但要懂得物尽其用，发挥它最大的价值；并引导学生在美术室实施，先将垃圾分成废纸、饮料瓶和不可回收垃圾三类，废纸和饮料瓶储存到一定量时让废品回收人员来回收，所得费用当作班费。刚开始时，有一些同学习惯性不按要求进行分类，只能在发现这种情况后不断提醒学生，并亲自重新进行分类。实施一段时间后，开始通过一定的措施来约束学生，如有同学不按要求进行分类的，要承担清洁任务，通过同学相互监督来培养好的分类习惯。实施一段时间后，美术室的垃圾量减少，室内环境得到改善。从垃圾分类入手去培养学生的良好环保意识和行为习惯，工作虽然烦琐，但意义重大，并且好的行为习惯可以影响周边的人，包括家庭成员和社会人群。

（本文原载于《新课程》杂志2018年第29期）

02 意念训练法与默写能力

速写作为一种绘画手段，是绘画学习过程中的一门基础课程，它非常重要，是不可或缺的。近些年来，速写在美术院校招生考试中受到了越来越广泛的重视，成为考试中的重要内容。速写是广东省实行联考后的一个重要考试科目，近几年都是考默写。学校为了保证和强化考生在术科高考中的应试能力，对速写基础知识、表现技法知识和默写能力技能等进行训练。我应用心理学相关知识，形成了意念训练法应用于美术高考速写的默写能力训练，使速写的人物动态深刻地入耳、入脑、入心，以此来提高考生的应试能力，提高速写的高考成绩。

一、高中美术生速写训练的现状及缺点分析

速写考试主要是让考生在较短的时间内，完成对人物动态、人物动态组合以及人物与场景的整体表现，同时注重考生对人物的比例、结构、动态的把握以及画面的构图和处理。在速写备考中，提高默写能力是提高速写成绩重要的途径之一。但很多学校对学生的速写训练都是从临摹到死记背构图和动态，缺乏写生和相关的默写训练。虽然进入高三后就要求学生死记一二幅速写来应考，但因缺乏对形体和结构的理解与训练，速写作业的比例不准确，动态表现没有美感，导致考生的后劲不足，从而影响默写能力的提高。

二、意念训练法的基本原理

意念训练法的原理可以追溯到催眠术。早在18世纪，奥地利心理学家麦

斯麦首先发明了催眠术：结合音乐和灯光，首先让被催眠者处于安静舒适的状态，尽量减少外界干扰，使其注意力集中于某些特定的事情，催眠师用平和的语言引导或暗示被催眠者，被催眠者慢慢进入完全放松的状态，并按照催眠师的指示去做一些动作或事情。催眠改变了意识状态，被催眠者对暗示的敏感度提高，会不由自主地感受某种思想、产生某种意识想起某些经历等。

意念训练法同催眠术对人体生理心理的作用有很多相似之处，是以人的高级神经系统指挥各种动作的一种内隐的意向动作，通过意念导引，在一定程度上使身体各部位放松与紧张互相交替，达到从精神到肢体、从肢体到外界的高度协调统一，使在训练中充分发挥人体的内在能量和潜力。意念训练法是在学生掌握了相关训练知识和操作技能之后进行的，是指通过意念训练在大脑皮质内建立神经联系，留下"痕迹"，不断反复操练以刺激大脑皮质和中枢神经，让意念对心理施加影响，使大脑全神贯注于作画过程的训练景象，从而达到自我控制和调整。

三、意念训练法的应用步骤

根据循序渐进的原则，我运用意念训练法培养学生过硬的心理素质和默写能力。应用训练过程如下。

（一）意念训练法理论讲解和训练案例分析

在速写训练过程中，技法动作与意念活动相辅相成，共同构成高效的训练，而意念训练法的作用就是提前在大脑皮层中演练训练过程中的意念活动。教师可以用生动明晰的语言和形象直观的幻灯片，向学生讲解意念训练法的概念、原理及意义，使学生初步掌握有关意念训练法的理论。通过对具体训练事例的分析，使学生进一步领会意念训练法的理论。例如，分析每年的美术高考速写考题，发现都是默写两个人物速写动态并加上场景，主要是考查考生的默写能力和表现能力，可以通过意念训练法来提高默写能力，提高速写成绩，从而让学生高度重视这种训练方法。

（二）引导学生自我放松

教师采取语言诱导的方式，稳定学生的情绪，达到心静如水的自我放松

效果，为默写训练奠定良好的心理基础。教师可以用强有力的语气说："你们现在享受着优美的音乐旋律，自我放松，手中的笔是你身体的一部分，你完全能够随意支配它，能够做到画得准确。"学生也可以自我暗示："我很放松，很平静，动作正确，发挥正常！"通过类似强暗示性语言，使学生心理、生理得到放松，更投入地进入默写训练强化阶段。

（三）培养学生的注意力

注意是心理活动对一定对象的指向和集中。培养学生的注意品质，可使其心理活动在一定的时间内，专注于写生对象，从而提升速写训练的质量和效果。培养学生精力高度集中的品质，主要采用视物法。教师可选择一个人物速写写生对象，让学生对其仔细观察10秒后，闭上眼睛用10秒努力回忆被观察人物的形象，采取提问与提示相结合的手段，帮其记忆，其间可以反复睁开眼睛观察和闭上眼睛回忆，直到头脑中清晰地记住物体的形象，并能在2分钟内将人物的形象准确地画出来。根据视物法，每周安排一个时间段让学生进行人物动态写生训练，利用5分钟的时间画出一个人物动态基本形体，主要是训练学生在较短的时间将人物的造型画准确的能力，实践证明这种方法对提高学生的造型能力有很好的帮助。

（四）培养学生的意志品质

意志即个体对物质或精神的注意力、念头和想象力在个人大脑机能印象中的自我能动的反应。人的意志过程是个体自觉地确定目的、根据目的来支配和调节自己的行动，克服困难，实现预定目的的心理过程。因此，培养学生的意志品质是速写默写训练的重要内容。教师应通过分析和讲解让学生在速写训练中章显品质的重要性有充分的认识。从平常室内外静态小景和速写人物动态写生和默写注意磨炼自己，提高自己的注意力，形成正确的意志行动，提升自己的默写能力，从而大大提高了人物动态速写训练写生和默写的准确性。

进行意念训练的目的，是使学生全神贯注于训练动作，摒弃一切外界干扰。相应的语言能够引起相应的想象，所以在意念训练过程中，要一面思考相应的默写训练要求，一面回忆意念物象，使意念物象更加准确，意念写生动作更加协调。每次意念训练都是由慢到快，次数不要太多，时间不宜过长，时间久了大脑易疲劳，会降低训练效果。通过从静态到动态的训练，提高学生的默写能力。

四、意念训练法的作用

意念训练法能使学生在考试中面对不同考试题目，快生速反应，最大限度地发挥默写的效果；提高学生的心理素质，避免应对时情绪急躁，从而保证应试的效果。从往届美术考生的成绩来分析，训练效果非常好。意念训练法改变了传统速写浮于表层、不够深刻的缺点，灵活的速写教学形式、丰富训练的内容，深化了速写训练效果，促进了学生的默写能力的提升，提高了学生的速写成绩。

（本文原载于《广东教学》报2014年5月16日第2232期）

自主与互助学习能力的培养

随着《普通高中美术新课程标准（2017年）》的颁布，美术教育作为一门教育学科正式进入普通高中学校教育课程体系。高中美术教育对于引导学生选报美术学科起到一定的作用。近年来，随着国家高校教育的调整，各美术高校相继进行扩大招生，我县高中学校报考美术的人数不断增加，在当前的应试体制下，学生具有明显的功利性，这些美术生的文化基础比较弱，自主学习能力差，很难快速提高美术教学质量。对改变现状，培养高中美术生的自主互助学习能力，有着非常大的现实意义。

一、高中美术生学习的现状分析

随着美术联考的不断改革，美术考试方式基本形成一定的模式，但还是着重考查考生的美术基础和美术素养，所以如何提高考生的美术素养就凸显重要，但是放眼现在美术训练的课堂，学生的自主互助能力令人担忧，学生的状态有几个特点：

（1）有些学生在术科训练时浑浑噩噩，不清楚自己的学习目标和方向；

（2）有些学生自己在埋头苦画不肯和别人分享自己的训练成果，或者因为自己基础比较好怕他人超越自己而不愿意指导别人；

（3）有些同学在自己遇到不会解决的难题时，不懂得与他人交流，等到教师在时就一句话"我不会画"就将责任推给了教师，如果教师不帮他去修改作业，就认为教师不重视他，会产生厌学的情绪。

二、培养自主互助学习能力的措施

自主学习的思想可追溯到20世纪二三十年代美国的个别化教学以及受杜威"做中学"思想影响的整个现代教育与教学。自主学习的基本理念是从以学生为中心出发的,尊重学生的自主性,这就意味着要满足学生在学习内容、时间、地点和形式上的要求,而且含有一系列新的学习观念。

(一)成立学习小组,让学生变被动学习为主动学习

首先,在传统教学中,知识是由教师通过精心设计的教学活动传授给学生的,教师是主动的,学生是被动的。自主学习则相反,知识是学生通过主动学习而获得的。其次,课程设置与课程内容取决于学生的需要,把教学重点放在知识的运用上。一节训练课中有几个甚至十几个学生能积极主动地学习并非难事,这在传统意义的课堂中,也不少见,但要使课堂上每个学生都主动学习却并非易事。从2012年开始,我针对美术训练教学中存在的问题(只有不到一半的学生能与教师的训练讲授同步,一半以上的学生处于厌烦、焦虑、消极应付状态,训练效率低下,课内损失课外补,课业负担和考试造成的心理负担日渐加重,直至形成恶性循环),总结提炼本地和外地课堂教学改革经验,成立了学习小组,开发并由点及面地推广应用了自主—互助学习型训练教学模式,实现了让每个学生都动起来的目标。首先是将每个教学班按学生的情况分成四个学习小组,每个小组有一个组长,每个训练内容公布出来后,由教师进行分析和讲解训练要点和技法要求。其次让组长带领组员按教师要求进行训练,到训练结束进行小组间的比对,小组之间形成竞争,组员为了本组的成绩,会自觉地按要求进行训练,并相互帮助。画面存在的问题能够在同学相互探讨中找出来,并找出解决问题的方法。实践证明,通过成立学习小组,学生的自主互助学习能力得到提高,形成了良好的学习氛围。

(二)根据学生的情况进行分组,因材施教

根据学生接受知识的不同习惯,采用不同方式传授知识,以求达到最佳效果。以学生为中心的本质是培养学生的自学习惯和运用所学知识的应变能力,学生从被动地接受教育转变为自主地学习。因此,学习的整体内容在教师的指导下成为具体化的对象,学生获得了独立的学习能力。当学生达到

较高水平时，大部分学习都是在没有教师的情况下进行的。美术生的基础不同，分成A、B、C、D四组进行训练。A组是基础最好的，采用教师讲解学生自主训练的方法，过程中教师不对学生的画面进行修改，以学生自主学习为主，探索形成自己的表现风格，形成良好的自主学习能力；B、C组是中间层，教师要在训练前进行表现技法的示范，演示表现技法的要领，学生学习后在训练过程中按要求进行自主训练，教师不断观察学生的训练情况；D组是基础最弱的，是教师要特别重视的组别，因为这个群体是特殊的，学生处在厌烦、消极应付的学习状态，训练效率低下，训练负担和考试造成的心理负担日渐加重，会形成学习的恶性循环。所以，在教学中我重点让D组进行修改示范，对每个学生的画面存在的问题进行修改，演示修改的技法，让学生掌握表现技法要领，通过重点帮扶D组的学生，让他们提高学习的信心，更用心投入术科训练。2013届高考可以体现这种因材施教的效果，当时D组的10位学生基础很弱，但我对他们不放弃，用心去教他们，最后他们都上了本科线，有6人上了三A线，取得良好的教学效果。

（三）形成自主互助学习小组，实施训练的有效评价

互助学习是指一种有系统、有结构的教学策略，即依照学生能力、性别等将学生分配到同一异质小组中，鼓励同学间彼此协助，互相支持，以提升个人的学习效果，并达成团体目标。苏霍姆林斯基"创造性学习"教育理论认为：通过手的探索、眼睛的观察，人与周围的世界发生着积极的相互作用，掌握了技巧，提高了认识，获得了知识，增强了智能。培养学生主动思考与动手的最优教学法是让学生学会有效评价的方法。

学生在教师提出的问题的引导下，通过师评、自评、互评增强自我表达的意识，学会自我评价，学会评价他人美术学习的成果，通过小组互助学习，加强学生间合作、互助意识和相互的沟通。例如，在色彩色调训练中，在训练作业基本完成的情况下，我会让各小组对作业进行评价，改变以往由教师全面进行评价的方式，让学生相互讨论，找出每份作业的优点和缺点，并找出改变的方法，实施以学生为主体的有效评价，以提高学生的自学能力，形成良好学习习惯。这一方法明显提高了学生学习的兴趣和积极性，活跃了学习氛围，拓宽了学生思维发展空间，提高了学生搜集处理信息的能力、获取新知能力、分析解决问题能力以及相互交流与合作能力。

小组互助合作学习的教学方法给予了学生更多的空间以发挥其个性和思考能力，同时加强了学生的团队合作意识，对提高学生的美术学习兴趣起到较好的作用。

04

唤醒学习潜能　促进学生成长

从2015年开始，中国基础教育课程进入核心素养研究时期，提出要培养学生成为全面发展的人。核心素养是指学生应具备的、能够适应终身发展和社会发展需要的必备品格和关键能力，分为文化基础、自主发展、社会参与三个方面，而自主发展就是让学生学会学习。高中美术的教学模式是以教师为主体，以传统的师傅带徒弟的教学方法进行教学，学生一直处于被动学习的状态，自主学习能力差，没有形成良好的学习习惯和自我发展的能力。每个高中生都具有一定的潜能，人的无穷潜能蕴藏在人自身内部，这种巨大的潜能，要通过自我创造释放出来。善于自我创造的人，能使自己成为发挥主体作用的人，无论自己所处和所面对环境、工作、机遇、困难等有什么变化，都能从现实出发，有成效地驶向成功的彼岸。而教师作为教学的主导者，可以利用一些教学方法和策略唤醒学生的学习潜能，培养高中美术生的学习能力，让学生在学习中成长，适应未来社会发展，这对学生以后的发展具有重要意义。

一、学生从被动到主动学习

在我们目前的学校美术教育中，普遍存在着教师中心主义和管理主义倾向，剥夺了学生的自主权，学生一直处于被动学习状态；特别是美术教师注重美术技法的教学而忽略学生能力的培养，经常导致只有不到一半的学生能与教师的训练讲授同步训练，一半以上的学生处于厌烦、焦虑、消极应付状态，训练效率低下。有些同学在自己遇到难题时，不与他人交流，将责任推给了教师，不会从自己身上找原因。所以，在平时的教学中我特别注意学生的表现，引导学生寻找解决问题的方法。例如，2014届有一位学生，经常在色彩训练画到一半时就说不会画了，我耐心引导他先观察其他现象，如让他观察我和另外一些同学的身高对比，问谁高谁胖谁老等，他都能很准确地回答出来，这时我转回他的画面让他找问题，从一个一个局部去找，如造型、明暗、色彩等问题。学生找出问题，我就在旁边指导他自己动手去解决问题。通过这些方法，他还会自己尝试去画一些教师从来没有教过的物体。之后，这个学生在学习中能够主动地处理好每个画面关系，并有一定的画面效果。

在高中美术教学过程中，学生经常会碰到难题，因此学生需要学会主动去解决问题。教师要运用一些教学策略使学生学会主动解决问题，如可用"你是可以的""你是有能力的""难道你会比别人差"等鼓励性语言来激发学生的潜能，培养学生自主解决问题的能力。教师也可以以点带面地示范如何解决问题，如在平时教学中，当我发现学生普遍做不好细节刻画时，就找一个同学的作业，向全体学生分析细节，并示范解决细节刻画的问题，然后让学生自行进行解决细节刻画训练，通过激励和帮扶结合的教学方法，激发学生从被动学习转为主动学习，从而培养学生自主学习的能力。

二、促进学生从自我学习到合作学习

核心素养是关于学生知识、技能、情感、态度、价值观等多方面的综合素养，是每个学生获得成功、社会发展不可或缺的素养。许多高中美术生将"理想的自我"与"现实的自我"分离，内心形成矛盾。有的学生喜欢按照自己的思维、想法和判断去分析问题和解决问题，在学习中不会团队合作，因此，在美术教学中培养学生的团队合作学习就尤为重要了。

博弈论中有"零和游戏"的概念，即一方输另一方就是赢。学生在学习中也会存在这种思维，总认为对方"赢"则自己"输"了，所以在学习中不会去交流和合作。社会发展科技进步，竞争虽然无处不在，但竞争之外更重要的是合作，通过合作双方都会得到利益，并且合作是获得双赢，成功的机会更多。在高中阶段，培养学生的合作精神，不单单可以提高学习效率，也

可以为今后进入大学和社会更好融入团队奠定基础。我结合高中生在美术课堂学习中存在自我意识强和不会团队合作等问题，成立了自主学习小组。首先是分四个学习小组，每个小组有一个组长，教师对学习内容进行分析，讲解学习要点和要求，然后让组长带领组员按教师要求进行合作探究研讨，到学习结束进行小组间的比对，小组之间形成竞争，组员自觉地按要求进行合作学习，并相互帮助，画面存在的问题能够在同学之间的相互探讨中发现，组员能找出解决问题的方法。例如，2015届的学习小组，我布置学习任务是实行小组团队探究学习——如何提高色彩色调的表现能力，让组长带领组员进行钻研，从色调的形成到表现、从训练到点评、从找问题到解决问题，都实行教师引导、学生自主学习，取得了比较好的教学效果。实践证明，学生的自主合作学习能力得到提高，学生在自我指导中成长，获得了学习能力，并形成了良好的团队合作能力。后来了解到，这些学生上了大学后都在不同的大学社团中工作，体现了他们的良好团队协作能力。

三、促进学生从学会到会学

在高中美术教学活动中，通过唤醒学生的潜能，运用合适的教学策略，激发学生从被动到主动学习、从自我到合作学习和从学会到会学，在教实践中唤醒学生的自主学习意识，激发学生学习兴趣，重视对学生学习方法的研究，引导学生运用感受、观察、体验、表现、创造以及收集资料等学习方法，进行自主、研究性学习与合作交流，让学生有效管理自己的学习和生活，认识和发现自我价值，发掘自身潜力，有效应对复杂多变的学习内容，在学习中成长，成就出彩人生。

感受与体验、探究与思辨的美术课堂模式

教育部从2014年开始启动《中国学生发展核心素养》的制定，同时《普通高中美术课程标准》修订组提出了美术学科的核心素养，即图像识读、美术表现、审美判断、创意实践和文化理解。图像识读是指对美术作品、图形、影像及其他视觉符号的观看、识别和解读。美术学科素养不是只针对美术专业人才设定的，而是面向全体公民，所以美术素养更加要公民化。这些理念都对高中美术课堂教学提出了要求，美术教学必须面对全体高中生，要让所有学生对美术作品具有一定的感知与理解能力，这就是美术学科素养中的图像识读能力。笔者赴美研修结束回国后，在2018年1月跟随两位导师到广东省清远市跟岗学习与进行美术教学资源调研，曾到英德市的英西中学听了一节美术鉴赏课——培养审美的眼睛。在听课中，笔者观察教师运用的教学法与学生参与学习的情况，发现教师并没有把握好本课的主题——培养审美的眼睛，教师还是以讲授知识和概念为主，与我国所提出的发展学生核心素养教学理念有较大的差距。在听课中，笔者思考：如何创新美术鉴赏课堂教学方法才能适应新时期的教学需要？

一、注重培养学生对艺术图像的感受与体验

美术鉴赏课授课教师的教学设计完整、教学环节清晰、教学组织有序，教师的课堂组织和教学任务完成得都很好；教师以讲授为主，注重对美术知识和鉴赏方法的陈述，将美术鉴赏知识内容格式化，成为标准答案便于学生记忆。但是，教师忽略了本课的核心内容是培养学生的审美，使学生获得对艺术作品的感受体验，而对艺术作品的感受和体验恰恰是没有标准答案的。

每个人对每张作品都有自己独到的发现，需要敏锐的感受和特别的体验，而以讲授知识和概念为主的教学却限制了学生对美术作品的感受和体验。在最后的拓展环节中，可喜的是当清纯感性的学生与艺术作品相遇，完全抛开了教师陈述的知识和方法，能大胆表达自己的感受，表达对英石盆景摆盘的内心感受和想象，对自然山水的喜爱溢于言表。

在美术鉴赏教学中，更重要的是引导学生感受美术作品不同材质、形式和内容特征，所以，教师必须从注重美术知识和鉴赏方法的传授转变为引导对学生作品进行感受与体验，联系生活经历、审美理想和文化观念，通过语言表达对美术作品的感受和认识。这样才能让学生在繁重的文化学习中去喜欢上美术鉴赏课，才会融入课堂的情境教学，才能真正提高对图像的识读能力。

二、注重培养学生对艺术图像的自主探究学习能力

在培养审美的眼睛授课中有一个学生自主探究环节，教师安排分小组讨论鉴赏课本的《血衣》美术作品，并要求学生完成鉴赏报告，但自主鉴赏时间只有10分钟。观看鉴赏报告中发现，报告格式与《血衣》美术作品的鉴赏知识点已经一一列举，虽然时间上不能保证学生深入探究美术作品，但学生在活动中按教师提供的知识点可以完成鉴赏报告，每组递交的鉴赏报告都是大同小异，这样的自主探究活动就是走过场而已。

美术学科素养下的《普通高中美术课程标准（送审稿）》中提到，要创设问题情境，引导学生开展确定主题、观察感受、搜集素材、学习借鉴、构思创意、选择材料和技法、探索表现方法、创作作品、展示交流以及描述、分析、解释和评价等美术学习活动。鼓励学生在信息化环境下，以自主、合作与探究等方式获取知识和技能，形成创意和见解，学会用美术及跨学科的方式解决学习、生活中的问题。这节课的《血衣》美术作品的自主探究鉴赏可以放在课前，也就是说在上这节课的前一周，教师布置以《血衣》美术作品为主，并查找和作品题材相近的中外历史题材美术作品，让学生自主合作去查找相关资料，感受与理解相同类型（历史画）的中外美术作品因意识形态、材料和技法等不同，所呈现的图像会有不同的艺术形式和风格，画面构

图中不同形式美原理的运用会显示出不同的审美特征和品位,也会有不同的视觉感受。同时,小组在总结归纳和撰写鉴赏报告时,在进行研讨时要运用跨学科知识进行分析,这样才能理解相同类型的美术作品因受不同文化的影响而呈现出不同的风格。通过自主探究的美术学习活动,每位学生在小组自主探究学习中才能真正摆脱教师所提供的标准答案,真正学会用艺术思维认识世界,学会艺术表现和交流的方法,提高自身的美术素养。

三、注重培养学生对艺术图像的思辨性思维能力

《高中美术课程标准》对美术鉴赏课教学有这样的建议:联系文化情境认识美术作品的主题、内涵、形式和审美价值,并用恰当的术语进行解读、评价和交流。辨析美术鉴赏活动中存在的不同文化、经验和趣味的差异,学会尊重、理解他人的不同欣赏角度和方式。主题性课堂活动,能够锻炼学生思辨性思维。但是我们所观摩的这节美术鉴赏课培养审美的眼睛,教学设计的初心很好,但在教学实际中教师为课堂的主体,忽略了对学生的思辨性思维的培养。

在本节的课堂教学中,教师可以鼓励学生对美术作品发表不同观点和见解,培养学生的发散思维和辩证看待历史现象和问题的良好习惯;如在鉴赏《父亲》美术作品时,教师不要讲授画作给学生听,这样很难引起学生对画作的共鸣;可以引导学生对画作进行思考与辩论——画作《父亲》是谁的父亲?所表达的思想是什么?等等,通过师生互动、生生互动,让学生对罗中立的《父亲》作品进行讨论、交流、辩论,认识和理解该作品的构图——宏伟构图和表现内容——中国农民的典型形象;也联想到古铜色的老脸、车辙似的皱纹、缺了牙的嘴、犁耙似的手,曾创造了多少粮食,他身后是经过辛勤劳动换来的一片金色的丰收景象,他的手中端着的却是一个破旧的茶碗;也可以让学生与自己父亲的形象联系在一起进行思考与辩论。让学生理解画家以深沉的感情,用巨幅画的形式,借超写实主义手法,刻画出一个勤劳、朴实、善良、贫穷的老农的形象来反映农民生活的艰难。画作中的这位老农所代表的是中华民族千千万万的农民,正是他们通过辛勤的劳动,才养育出世世代代的中华儿女,他是我们精神上的父亲!让学生在思辨中对现在生活

与学习进行深省，同时对农民产生的理解与尊重，让学生热爱劳动与生活。在思辨性学习的过程中，增强学生的参与意识，养成好学深思的良好思维习惯，让课堂成为智慧飞扬的舞台。

所以，高中美术鉴赏课堂应该着重让学生在感受与体验中学习，在自主探究学习中培养学生的自主探究、合作交流、勇于创新的能力，在主题与思辨学习下，教师是学生视野的开阔者、思想的引领者。进行美术教学的目的，是让学生通过现实问题的主题教学中形成一种思维习惯、思维方法和探究能力。只要在合适的平台上，碰上对的时间和机会，优秀人才就会迸发出智慧火花。我们做教育其实就是为每个学生提供这样的平台和机会，真正的艺术教育应该是充满机会的最佳平台。

06
展现美育风采,引领教学创新

人与动物的根本区别在于人有思维活动、有思想,而思想也要推陈出新、不断更新、适时创新。有什么样的思想就会产生什么样的教学行为。美术教育要让学生的潜在能力得以充分展现,将美术教学变得更加丰富、充满生机,使学生真正在"寓教于乐"中培养创新思维和创新能力。笔者有幸参加在福建省福州市第三中学举办的中国教育学会2018年度课堂教学展示与观摩系列活动暨第八届中小学美术课现场观摩培训活动,我想能够作为代表到这么高层次的教学现场授课的美术教师应该是各地区出类拔萃的教师代表和行业的佼佼者,在教学理念和教学方法方面一定有过人之处,所以在观摩过程中非常用心去聆听授课,在观课中思考。

一、在情境中求创意、在探究中求创新

2018年6月12日上午第一节课是来自福建省福州三中的翁老师主讲的。这节课是湘版高中美术教材《设计》模块的第二单元中的第三课《你能让我满意吗——环保服装设计》,翁老师教学设计中的三维目标是:

1. 知识与技能目标:通过学生了解环保服装设计的艺术美与形式美,达到开阔眼界、增长知识、陶冶情操的目的,培养学生对环保服装艺术的鉴赏能力,增强环保意识。

2. 过程与方法目标:通过观察、欣赏、讨论、实践等方法,增加学生对服装作品的理解,提高学生的创新能力,从中体会环保材料与服装设计的科学性与艺术性。

3. 情感、态度与价值观目标:通过对环保服装设计的欣赏与学习,引发

学生对环境问题的关注与重视，增强环保意识，并且能够通过实践构思与表现，在学习体验中增强学生的动手能力与小组合作能力，提高学生的审美意识。

教师利用在上班的路上捡到的树叶提问学生，这些树叶有什么用途？导入课堂教学内容，教师播放视频展示大师的服装作品和环保服装作品，再用PPT展示世界品牌标志去分析，让学生用手机通过扫码去认识世界级服装设计大师的设计理念——个性化的设计。教师通过板书分析环保服装设计的元素：款式、色彩、环保材料，然后分组让学生利用教师提供的纸质材料进行创作（过程中教师进行指导），学生合作完成服装作品展示，最后观赏学生模特身穿本校获奖的环保服装设计作品走秀。

整个教学过程教师的组织与把控都非常到位，教师也一直在将自己的设计思路说给学生听，而且同学们都能在教师的指导下实行小组合作完成比较好的作品，达到了预期的教学目的。从的整堂课表现来看，翁老师还是能够利用一定的情境来引发学生的创作欲望的，也利用了小组合作去完成作品。但在听课过程中，我在思考与设想，总觉得本节课缺少了真正以学生为主体、教师为主导的教学模式。因为教学的对象是高一学生，他们已经具备了一定的自主探究能力和鉴赏能力，教师在整堂课中都是以讲授为主，在学生拿到材料后又在示范一些材料的创作方法，在学生创作过程中不断提醒学生要如何做，还亲自动手帮忙。笔者认为这些往往会影响学生的自主创作思维，从而影响学生的创新。

导入课程教师可以放一些废纸的图片，如试卷、草稿纸、图书的包装牛皮纸、宣传单等，提问学生如何处理这些废纸，创设问题，让学生在问题中思考如何变废纸为宝。

未来美术课堂将和其他学科一样，追求情境意识（在情境中有欲望）、方法意识（在方法中求技能）、探究意识（在探究中求创新）、创新意识（在创新中能个性）、评价意识（在评价中能表达）。

二、拓宽文化视野，增强民族自信

2018年6月14日上午第三节，来自山东省莱州市程郭中学的郑老师为我们呈现了一节精彩生动、有创新的初中美术课"纹样——让生活更美好"。教师利用一个小魔术导入新课，教师用丝巾包好黑色杯子，并注入开水，让学生吹一口气，打开丝巾，黑色杯子变成有青花图案的杯子。教师的手法让学生大为惊叹，赢得学生热烈掌声，课堂气氛立刻活跃起来，这时教师导入新课。我认为教师利用魔术导入是非常有创意的导入模式，也体现了核心素养所要求的美术教学的创新尝试。

在让学生感受生活中的纹样课程环节，教师利用G20杭州峰会的会场布置、用具和礼品的纹样引导学生去认识中国传统的装饰纹样，增强学生的民族自信心。在美术课堂教学中宣扬中华优秀传统文化更能体现新时期新形势下美育的功能与必要性，这位教师的教学设计和教学理念能够紧扣时代主题，是非常有创意和成功的。在知识与技能环节，教师利用课堂布置的布匹和资料袋，让学生通过小组合作探究，在拼贴纹样实践中去增强对纹样中的二方连续、四方连续和适合纹样的构成形式的认识，掌握纹样的表现方法。在小组作品展示中，让学生分析作业的特点，让学生参与互动。这个环节，教师充分让学生参与体验、合作探究、展示表现，培养了学生的创作思维，调动了学生参与的积极性，提高了学生学习的积极性。

本节课教师准备充分，教学设计新颖，教学过程组织得当，对课堂的把控能力强，教学理念紧跟时代，是一节非常好的美术课。教师的声音有时可以放慢点儿，让学生听得更清晰；如果在体验环节让学生动手设计二方连续纹样，并用剪纸制作出二方连续纹样，提高学生的动手能力，提高对纹样的认识与理解，会更完美，更有示范引领和辐射作用。

三、传承本土文化，坚持立德树人

6月14日下午第一节课是来自山东省博兴第二中学张老师讲授的本土民间艺术美术示范课"纤维艺术——草柳编"，教学现场中午就布置完毕了，场面堪称豪华大气，令同行震撼，一时众说纷纭，褒贬不一，但大家都期待有一个精彩的课堂。

这节课选自人教版《工艺》第九课《纤维艺术的工艺制作》，该教师非常聪明地将教材与当地非物质文化遗产"草柳编"结合，使教学内容更加贴

近学生的生活，实现了教学内容与本土文化的结合，增加学生对家乡文化的认同，进一步提升学生的民族自豪感。教师身穿蓑衣头戴斗笠，形象生动地展示本土艺术，独特的外形造型引起学生的好奇。这时教师话题一转，讲述独特的服饰是由藤条柳条做成的，创意确定后在全中国寻找编织藤柳条板工艺的人，最后找到山东博兴。编织藤柳条的人是山东博兴县普普通通的民间艺人，他们就地取材，变废为宝，创作出审美和实用并存的工艺品，用他们的智慧创造出具有民族特色的民间工艺，在世界上享有一定影响力。作品虽然有点儿"土"但又很"洋"，引起同学们的关注，激发了学生的民族自豪感。

教师利用动画向学生讲述与分析草柳编的编织方法，加强了教学的直观性，让学生更能理解与掌握编织方法与技巧；然后让学生分组合作去完成草柳编的作业，体验民间工艺的编织方法和艺术魅力。授课教师利用世博会西班牙馆的造型需要中国民间编织工艺，增加学生的民族自豪感；在介绍本土民间艺术中让学生认识民间艺人的高超技艺，引起学生对质朴艺人的崇拜，使学生在参与和体验中理解民间艺人对本土文化艺术坚守的情感，达到国家提出的立德树人的育人目标。

这节课向全国研究美术基础教育的专家和同行展示了该校开展本土美术课程教学所取得的成果，宣传了学校。美术课堂本身需要艺术氛围的营造，让学生身处充满艺术氛围的环境中是一种享受，环境是可以育人的。再看课堂，其实教师并没有走进"奢华"的误区，从设计到方法到指导都严谨朴实，可圈可点，学生积极参与的热情结出累累硕果。张老师是一位满怀教育情怀的美术教师，在平凡岗位上做出了让全国美术教育同行敬仰的事迹，为他对弘扬本土文化艺术的辛勤付出喝彩！为他为来自全国各地的美术教师奉献了一节精彩而又平凡的美术示范课点赞！

美术是我们表达思想、宣泄情感的工具。新时期的美术教育应该通过创作来培养独立思考和解决问题的能力，培养丰富的想象力和变通能力，培养的创造思维。

（本文原载于《美术教育研究》杂志2018年第6期）

07 美术课堂结构改革促进学生学习能力的提高

学生发展核心素养提到要培养学生成为全面发展的人，而六大核心素养中的学会学习，就是要培养学生的学习能力。美术高考备考的成功，除了要有科学的备考计划、优秀的师资团队和齐全的教学设施外，还要有有效课堂和高效课堂，学生的学习能力决定了有效课堂的成功与否。教学是通过一定方法和手段帮助学生获得知识和技能，并形成特定情感、态度、能力和素养的过程。在新课程改革背景下，美术教学应该努力避免单向度的甚至是非人性的强制过程，而应努力追求教师与学生平等交流、互动建构的过程。传统的高中美术课堂教学结构模式是：教师先明确学习目标，找张临本或图片进行临摹与写生、教师进行示范、学生跟着画、教师辅导与点评。

在"培养高中美术生的学习能力"这方面，笔者作为一名高中美术教师，在不断地思考与探索、研究与实践中尝试形成适合自己也适合本校学生的创新教学模式。笔者从课堂结构改革入手来进行教学创新，并从高一美术班开始进行实践，从市美术统考成绩来分析，实践取得明显成效。以下数据可以反映出我校高一美术生速写都比较好，80分以上人数占比达到47.42%，3班达到54.05%；此分数段百分比高出全市30%~40%；而70分以上人数达到91人，占比高达93.8%。素描科在80分以上的人数较少，但70分以上人数就有明显的优势，百分比达到67%。平均分都比市平均分高出10分左右，各项数据与其他学校相对比也有明显的优势。

这些成绩的取得，除了因在教学课程设置方面主抓学生的造型能力外，也因在教学中实施课堂教学结构改革，促进了学生学习能力的提高，并为学生终身的发展打下基础。

一、引导学生参与制定课堂教学目标，培养学生的主动学习能力

课堂教学目标，如果只是教师们在制定，可能会忽略一些学生的认知因素，会有一些学生不能完成的学习任务和目标。学生被动接受学习任务，学习热情不高，也会影响课堂教学预期目标完成。在讨论课堂教学目标的过程中，可以让学生更清晰地知道要解决什么问题，要学到什么，可以让学生找教学图片、视频来了解作画的过程，了解不同表现形式的作品，拓宽学生的视野。

学生在讨论过程中可以清楚认识到学习的难点与重点，在学习与训练过程中会关注训练要点的要求。如在讨论人物速写造型训练的教学目标时，可以让学生讨论分析造型的方法，在讨论中学生提出不会检查造型与动态是否准确，教师可以引导学生利用水平线和垂直线进行检查，实践效果有明显的提高。又如训练内容完成的时间，如果按教师的水平总觉得比较简单，可以在短时间内完成，但高一学生形象思维还没有健全，一个复杂人物动态的造型是比较难表现准确的，所以在讨论沟通中可以了解学生的情况，为教学目标的设定提供更准确的参考依据。在讨论中确定的训练内容的要求与时间更易被学生接受，这样课堂教学效果会更好。

二、引导学生进行探究学习，培养学生的解决问题能力

以往的高中美术课堂教学模式，在教授新内容时，一般先是教师示范然后学生跟画，要求学生严格按照教师的做法步骤进行训练，极大地影响了学生学习的积极性。现实教学中也有一些教师的示范能力不强，示范效果不好，导致学生产生厌学厌看的情况，学习中没有想法，也没有创新，更不会主动学习了。所以，应改变课堂教学，让学生带着问题进行学习，在学习中发现问题，找到解决问题的方法，并要强调书写记录好问题的要点。例如，在静物素描明暗教学中，可以让学生通过网络搜集教学示范视频，筛选自己喜欢的教学视频，认真观看并了解作画的要点，记录作画的过程和训练要点，如明暗规律的形成、明暗色阶的表现、线条的组织等知识要点，在探究中提高学习的积极性，在探究中发现表现形式的多样性，让学生找出自己喜

欢并有感染力的素描表现形式。

三、引导学生参与教学和讨论，培养学生的分析问题能力

一直以来，高中美术术科教学都是采用比较传统的以教师为主体的教学模式，强调学生在教师的指导下进行训练。课堂结构改革就是要打破这种教师教学生学的传统模式。在课堂改革教学实践中，实行小组合作学习，将学生根据学习水平组合成学习小组，在教师的引导和小组长的带领下开展学习，在学习中相互讨论、点评，相互改画，提高学生的学习参与度。引导学生参与评价，课堂教学结束后，学生不知道学习效果如何，作业都是在教师点评后才知道存在的问题，可以让学生对整个课堂教学过程中的课堂气氛、组织纪律、认真程度等进行评价。评价过程，也是师生、生生思想碰撞的过程。也可以让一些不专心的学生接受同学的监督，从而帮助学生提高学习效率。作业评价在教师的引导和组织下进行，由学生进行相互评价，找出作业的优点和缺点，在评价过程中，学生会相互讨论，相互探讨，从而逐步培养学生发现问题、解决问题的能力。

四、引导学生撰写学习反思，培养学生的学习反思能力

课堂教学小结，通常都是教师在教学结束后，根据课堂教学的情况进行撰写。这种以教师为主导的教学小结与反思，因教师是以整体为主进行总结，所以并不能很好地反映每位学生的课堂学习情况。学生没有自己进行反思，总觉得自己在课堂训练中已经做得很好了，或者是教师指出他们的不足时，还会觉得教师在针对他们，并不会很好地反思自己学习过程中存在的问题。可以让学生自己进行学习反思，写学习反思，在反思中去发现自己存在的问题。要求学生写学习反思，学生必定会反思课堂中自己的表现，找出自己存在哪些问题和优点，也会找出自己画面的问题，并找出改进的方法。在写的过程中，还可以提高学生的文字表述能力、思维能力、分析能力以及空间展现能力。

在许多教学方案中，教师都要注意运用实施恰当的教学方式，这包括

使用材料的程序、探索某种思想的思维方式、解决问题的方式和过程等。高中美术课堂进行结构改革，不再是常规的45分钟课堂，而是一个课程内容的教学，当然并不是将所有的教学任务都交给学生，而是在教师的引导下，将学生变成学习的主体，教师是课堂的引领者，课堂教学的所有活动都在教师的掌握下进行，这样的课堂才有秩序、有条理，才能变成有效课堂、高效课堂。高中美术高考备考的课堂教学教无定法，但无论怎样的教法，最重要的是培养学生良好的学习能力，以提高学生的学习成绩，促进学生终身发展。

08 以问题为导向促进学生思维发展

在高中美术专业班的课堂教学中，大多数教师都是以技能技法传授为主，但离术科高考只有二十多天，教师应该着力在一些得分点上去引导学生发现问题和解决问题，使用以学生为主体的教学方法，对提高教学效率和学生的应考能力有积极的意义。高考备考需要转变上课模式，不一定每天都让学生画画，可以采用问题导向的教学策略，丰富课堂教学结构，促进学生思维发展。

2021年11月8日至12日，笔者作为肇庆市美术学科委员会成员到各县区对有高三美术生留校备考的学校进行调研与指导，也是抱着观摩学习的心态去了解和听课。在留校备考学生比较多的情况下，学校的备考策略与美术教师的授课等都会影响到学生美术成绩，也会影响到学生对学校、教师的信任。在调研中了解到各学校的备考管理比较严格，很多教师都非常认真地投入备考，教师的示范能力也比较强，学生的基础比较扎实，已经取得一定的成绩。

从广东省美术统考近几年考题的变化，可以看出着重考查学生的造型基础和应变能力，模式化和套路化的教学模式已经不太适应当下美术高考形势的发展，只有以培养学生学习能力为主才能让学生有能力去应对高考的变化。我们听取了几节考前示范课，在听课的过程中发现，授课教师的教学观念、教学方法都比较陈旧，都是以讲授、传授美术知识技能为主的传统教学模式，教学过程中教师虽然会提问学生，但都是蜻蜓点水式的，没有更深层次地创设问题情境来激发学生的兴趣，从而提高课堂的教学效率。

一、创设问题导入情境，激发学生参与教学的兴趣

在教学中，教师需要扮演一个环境设计师，创设可以激发学习兴趣的情境，这些情境包含能吸引学生投入充满意义的学习中的任务和材料。以问题为导向来激发学生兴趣的教学策略，是以培养学生学习能力为主导的创新教学方法。如果教师不改变观念，在高考不断变化的新形势下，怎么能够提高备考的效率？

如听取过的一节题为"色彩静物考试——审题"的公开示范课，授课教师通过分析学生参加二模考试的色彩试卷图片，教授学生要形成自己的审题思路：阅读考题—分析出题的意图—思考如何构图—色调与色彩关系的处理—如何运用表现技法（笔触的运用）等。教师的示范课在选题阶段起示范作用，在考前的半个月时间里，学生经历了多次的月考与模拟考，在碰到问题时通过讨论分析可以找出应对不同考题的规律。但在授课过程中，教师只是提出两三个问题，让学生回答后，就由教师分析考题的情况，往后都是以教师讲授为主。笔者在听课过程中不断观察学生的课堂表现，发觉听课很认真，但缺乏激情。也会思考如果是自己来上这一节课，应该如何设计授课环节才更有效呢？教师所提供的试题图片已经是学生考试过的，学生已经有自己的感受。如果导入环节让个别学生就考试中的构图、色彩表现等方面与同学们分享，让大家找出画面中的优缺点，然后由教师提问应该如何调整，再根据学生讨论中的问题进行梳理与强调，这样就能激发学生参与课堂教学的兴趣，课堂氛围可能会更好，也能提高课堂的教学质量。

二、创设问题导向情境，提高学生解决问题的能力

美术生留校备考要形成自己的备考策略，以问题为导向来解决问题，教师还可以采取多种方式增强学生的主观能动性。例如，提前布置课题，让学生主动查找有关资料；课堂上适当创设教学情境，设置悬念，引导学生运用已有知识和生活经验围绕问题展开思考、讨论、探究；教学过程中给学生适当的时间发表自己的见解，通过思想的碰撞达到合作的目的等等。

在一所乡村高中听了一节"人物速写"课，上公开示范课的是谁有多年

高考备考经验的教师，我想作为一名老教师，他在教学法上应该会有创新。到达大教室时，见到已经有准备好的多媒体一体机，张贴有学生的作业和准备示范的对开素描纸，我猜想这会是一节精彩的课。授课开始，教师将学生集中到一个空地方，面对着一张对开素描纸，教师开始授课。教师简单分析了学生速写作业存在的问题后，就开始边示范边讲解如何画一个速写人物形象，一直到画完。我不禁愕然，还有20天就要高考了，市级的公开课就这么上？是在显示自己的速写能力还是在应付我们？或者是深藏不露怕我们学到他们的绝招呢？百思不得其解！

在考前的速写教学示范中，教师只是从头部开始示范，局部画法、只强调速写表现的教学对基础差的同学来说，很难学到东西。教师在一张对开纸上进行示范，几十个同学能清楚地看到示范的一些局部的表现，教师的教学示范能力强，但教学方法不一定适合当下。在观课中我发现一些学生在认真地看，一些坐得远的学生很想看，但苦于较远，没法看清楚；到了课程中间，一些高二的学生站在楼梯口来观课，从现场学生的反应来看，学生非常好学。本节课没有充分利用信息技术手段加强教学的直观性和便利性，这是教学观念与教学思维方式陈旧的表现。在高考新形势下，我们的教师应该利用好信息技术补充教学的短板。

三、创设问题探究情境，提高学生应变的能力

在美术高考的考场上，学生的应变能力决定了学生是否能够在考试中取胜，每年的术科高考都会涉及不同类型的物品，教师分析与归纳、教授与示范考题内容的表现规律，可以提高学生在考场中的应变能力。

在一所乡镇高中听了一节"色彩的表现"公开课，教师一直以讲授为主，没有引导学生去发现问题，问题导向不够清晰。到了教师示范环节，教师只是从起稿、塑造表现进行示范，在讲述色彩表现时甚至存在着知识表述上的错误，如说到画面用色时，教师不断强调如何填颜色，教师的表述会误导学生。色彩表现需要有情感，需要运用笔触来营造画面的氛围。教师示范时强调了物品中雨伞的表现，但并没有以此来引导学生寻找表现规律，如相同材料的物质，软包装的洗衣粉、手袋、书包等物品的表现规律。还可以引

导学生去探究玻璃、陶瓷、水果等静物的表现规律，提高学生的应变能力。在考前的这个阶段，教师示范要有针对性和阶段性。一节好的课，要建立在问题导向的教学思维上，让学生全程参与课堂教学过程，充分调动学生的积极性，培养学生的自主学习能力。

艺术来源于生活，考题也是来源于生活，学生有强烈的表现欲望才能画好一张画。如一些公开课，教师讲授过多，很少结合考题图片与学生试卷来分析，上课内容没有阶段性和针对性，基础课与应考阶段的课程教学教法没有区别。教师在这些方面不做思考与创新就会形成教学思维的固化，教学难以激发学生的兴趣，从而影响课堂的教学目的。

09 开发学生思维的高中美术教学实践

大数据时代，无处不在的数字化图像，改变了青少年的生活、学习和感知世界的方式。所有的年轻人都需要有使用数字产品的能力，即媒体素养。同时，在全球竞争背景下，通过富有意义的学校美术教育，鼓励学生创造性地进行思考和发展自身的创造力是必不可少的。笔者作为肇庆市艺术学科委员会成员，在全市高考专题指导活动中发现一些学校的高中美术教师在教学中普遍存在这样的问题：教学模式套路化、模式化，不注重培养学生的多元思维；要求学生跟着教师的技法和技能进行表现，不注重培养学生的创造思维。这反映出我市很多美术教师的教学观念和教学方法跟不上形势的变化。根据所了解的情况，建议进行高中美术教学方法创新，以学生为学习的主体，引导学生主动学习，培养学生自主学习的意识，使其形成良好的学习习惯和自我发展的能力，让学生的思维能力得到很好的发展，为今后的专业发展打下坚实的思维基础。

美术与思想有关。在教授美术相关课程时，教师需要甄别并教授思维技巧和思维倾向，使学生能去探究美术，培养年轻人的思维能力是教育的基本目标。在对高一美术班进行示范课教学时，笔者进行了教学创新尝试，课堂的教学设想是改变师傅带徒弟、以传授美术知识与技能为主的教学模式，变为以开发学生思维为导向的教学方法。教学内容是以石膏结构线为主线，将地球仪的经纬线、物体的结构线、人物头像的结构线和大学学习的专业设计基础建模串联在一起，让学生理解结构线表现的重要作用，在创新教学中让学生接触到更多的知识与思考，让学生的思维能力得到一定的发展。

一、通过创设问题情境培养学生的联想思维

在导入时，先用PPT图片引导学生思考问题一：如何知道我们在地球上的位置？如何定位？这两个问题，是让学生在思考中联想地理学科所学到的经纬线交点，达到学科的融合。较多学生想到用手机导航寻找定位，只有个别学生想到经纬度，也说明学生的联想思维不够开阔。以现象和物体的结构线为思维导向，让学生了解石膏、静物结构素描与头像素描、高校的设计建模之间的联系，理解物体结构线的重要性，明确学习石膏结构素描的方向，掌握石膏结构线的表现技法，为今后的专业发展打下坚实基础。然后再让学生思考问题二：石膏球体与苹果结构线的作用，是定位，还是结构？抛出问题让学生思考和回答，让学生学会找问题和回答问题，让学生带着思考与疑问观看PPT，让学生认识与理解几何体的结构与明暗关系、静物的结构与明暗关系、头像结构与明暗关系，结构素描与大学设计建模的关系，学生看完后再让他们思考与总结：上述的设计建模与石膏几何体结构素描有何联系？这部分教学的目的是开阔学生的思维，使其理解静物结构与设计建模的关系，理解为什么学美术要从基础结构素描开始。但是因为之前美术教师没有给学生分析大学的设计建模与结构素描的关系，学生的回答很难联系上大学专业的设计建模，所以这个环节学生的回答不尽如人意，要在教师的引导下才能逐步理解与回答出来。在教学中不断提出问题，让学生思考，让学生的联想思维得到培养。

二、通过体验与感受培养学生的空间思维

在学生进行训练时，通过体验与感受，帮助学生建立从平面到空间的思维能力。学生的训练学习内容：如何理解和画好几何圆柱体结构素描？方法：在一张素描纸上用直线画"井"字，然后卷成圆筒。教师示范后学生训练，教师在学生学习过程中进行辅导。学生在动手制作圆柱中理解从平面到立体的过程，并在本人制作出立体造型后在观察的基础上进行结构素描训练。在观察学生的过程中，我发现学生还是按以前的方法进行作画，于是及时指出学生的问题，并向全体学生进行分析。我利用手机拍出物体的透视现

象与学生作画的图形分析其透视规律，指出学生不注重观察，不是在观察的基础上进行训练与作画。分析出这种现象后，学生都开始注重观察物体，然后将概念的视角进行调整。学生对透视和三维空间的理解和表现能力都有很大提高。这时再进行训练，让学生进行动手实践操作体验，把对结构线的理解由平面变成立体，使学生的思维得到发展。

但仅仅讲道理是不够的，所以教学过程中要注重从平面到立体的实践体验环节，让学生将日常的平面线性思维转换成立体视觉思维，并通过体验与理解掌握结构线的形成与表现规律。不足之处是：学生的思维习惯还不能一下就转过来，所以在训练中比较多的是按之前惯性思维进行作画，缺乏观察与理解。这时作为教育工作者，在教学过程中要及时予以纠正，让学生朝着以思维开发为导向的方向发展，最终达到让学生会学习的教学目标。

三、通过小组探究培养学生的思辨思维

思辨即思考辨析，简要地说，就是层次分明、条理清晰地分析，清楚准确、明白有力地说理。在思辨主题下，教师是学生视野的开阔者，更应是学生思想的引领者，教师在课堂上是组织者，学生是学习的主体，学生在讨论、提问和辩论中培养思辨能力，也培养批判性思维。在课堂小结环节，让个别学生对美术作业进行展示，进行自我评价与学生评价，分析作业的优缺点。在这个环节中有些学生不知该如何评价，这时需要教师引导，从构图、造型、透视和表现等方面进行评价，引导学生在观察比较与思考分析的基础上进行表述。给学生一个标准答案，就会消灭学生无数个具有创意的优秀答案。

四、教学效果与反思

这节课的美术教学特点是能够跳出术科中的技能训练，站在思维引导的高度，通过对问题的思考与回答，利用师生互动，让学生将技术问题和生活问题、社会问题联系起来，从绘画方法中体悟人生道理，通过思维方法转变掌握绘画技术。这节课的立意和切入角度都很高，道理上也很贯通，因为教

学教具的问题,学生在立体的实践体验环节只能从比较简单的圆柱体去体验与理解,如果有更复杂的、不规则的物体让学生用绳子环绕去体验与理解其结构线与物体立体造型的关系,以加强学生对造型复杂物体的结构素描表现能力。当然这节课虽然存在着一些不足,但在美术专业班的教学创新方面进行了探索,改变了美术专业班模式化、套路化的、以美术知识与技能传授为目的的教学方式方法,探索了以开发学生思维为导向的教学方法,对新时期新形势下的高中美术教学具有较好的示范引领作用。

（本文原载于《中国基础教育》杂志2022年第35期）

10 守正与创新的思考

2023年春节后上班第一天,广东省委就召开了广东高质量发展大会,吹响了各行业高质量发展的号角。作为一名教育工作者,必然要朝教育高质量发展的目标迈进。工作室2023年第一次集中研修活动中的主题是"教学创新"。教育教学要面对不同时期的不同学生,要培养他们的学习能力,提高教学效率,达到教育高质量发展的目标。需要思考通过什么样的教学思路与策略来增加学生的学习动力。"守正与创新"就是要在学科育人的基础上,在教学策略上有创新,教学不能墨守成规,教学观念要不断更新,探索适合自己的教学方法。本次研修有新成立的肇庆市黎海妮名教师工作室的成员参与,出于省名教师工作室的示范引领作用与帮扶的目的,我在高二美术班上了一节《黑白灰的韵律美——静物素描的明暗关系表现与实践》的专业示范课,践行我的教育理念"由美入善,成就全人"。专业美术课堂教学不只是教会学生相应学科的表现技法,还要注重学科育人的渗透,注重培养学生的创造性思维,培养新时代美术人才。

一、注重学科育人,培养学生良好的学习思维

工作室开展研修活动两年多,学员们已经通过工作室专题讲座、示范课、汇报课以及送教活动进行了教学示范引领,取得一定的成效。但距真正落实学科育人的目标还有一定的距离。

在进行学科指导与听课时,发现较多的教师在提问时都是蜻蜓点水式的,只是教师问学生答,或者是教师问学生集体回答,这样的提问方式起不到促进学生思维发展的作用。而我在提问时会有针对性,高中生会出现学习

不主动的现象，有些学生不想让教师提问，会有比较明显的特征——低头、躲避等动作，我会有意提问这些学生，目的就是引导他们参与教学，培养学习的思维。例如，有个别学生说不会时，我会引导并提示他寻找答案；又如回答的声音较小，会提醒他，将声音放大；再如回答得不够准确，在问到对画面的感受时，经常回答是"好"，是比较笼统的回答，但没有说好在哪里，这时我就会不断追问，要学生将好的与不好的问题一一罗列出来，在追问中促使学生寻找问题、分析问题，帮助学生形成良好的学习思维，从而培养解决问题的能力，达到学科育人的目的。

图6-3 笔者上示范课现场

二、采用大单元教学，让学生掌握美术的表现规律

新课标提出，我们教师需要通过课程大单元教学来解决知识点的通性问题，常规教学模式很难适应新时期的教育需求，我设定的主题就是引导教师们在进行教学设计时要在紧扣课程标准的基础上有所创新。进行美术高考备考，学生要学习和训练的科目、内容繁多，如果不进行整理与提炼，面对这么多的内容，学生会有焦虑的心理。本课我从素描的明暗规律入手，引导学生欣赏黑白灰的韵律美，将黑白灰的规律从静物拓展到石膏几何体和头像、人物头像，再到色彩中的黑白灰关系，延伸到在设计作品中的运用。所有的表现对象都有黑白灰关系，中灰色调是素描与色彩考查的重要内容，比较多的学生的画面都存在过黑的问题，原因是不会找色调。大单元的课程设计，找到了规律，做到了一理通百理用。学生形成了探索思维，可以解决复杂的技法问题。大单元教学提高了课堂教学效率，提升了教学质量。

本节课大单元的教学目标明确，教学效果好，一节示范课或展示课的结束，并不代表这节课的终结，上课教师要不断反思精益求精，更加细化和调整自己的课堂教学，要从多层面、多角度对课堂教学过程进行思考。在听评课环节，教师们从不同的角度、不同点面对课堂教学的过程展开了激烈的研讨。多吸收听课教师提出的观点，不仅可以帮助自己完善教学设计，还可以触发自己的教育灵感的过程。创新教学不仅是教学过程和教学手段的创新，教师要摆脱传统教学理念的束缚，努力进行探索，创新教学思路。

三、实施课堂评价，培养学生的思辨能力

为了实施课堂评价，促使学生参与课堂教学，在导入环节利用六校联考高低分试卷对比展示，引导学生进行观察感受，分析两张卷子的不同，鼓励学生参与评价，鼓励学生说出自己的直观感受，在评价中教师与学生共同分析高分卷的要诀——合理的构图、准确的造型、丰富的黑白灰色调关系、细节的刻画和画面表现的艺术感染力及低分卷分低的原因，特别是引导学生回到本节课的重点——黑白灰的韵律美上，丰富的灰色调是素描明暗表现的重点。创设了这样的课堂评价情境后，再引导学生总结日常静物素描训练中存在的问题。在评价中使学生懂得感悟美，在学习别人好技法的基础上大胆融入自己的创造表现美。

在导入环节的评价后，针对本节课重点和难点，明确提出在用明暗表现素描静物时，要强化光影、明暗变化、块面处理、线条的组织、空间视觉效果等方面。通过示范20分钟的16开的静物素描快速表现，使学生更为直观地感受到静物素描的黑白灰的明暗关系，在表现与实践中引导学生大胆用笔，摆脱细节线条束缚，以感受物体因固有色和光影下形成的黑白灰层次关系为主，要强化光影、明暗变化、色块变化和空间视觉效果。在学生进行课堂练习后，运用展示交流的课堂评价方式，帮助学生从自己的学习态度、表现方法与练习成果等方面进行反思与评价。在评价过程中不仅重视学生对美术知识与技能的掌握程度，更重视培养学生解决问题的能力，让学生在课堂评价中成长，培养学生的思辨能力。

本节课充分体现了新课标中提倡的"教师主导、学生主体"的课程教学

要求，通过提问激发了学生观察、思考、分析、回答的兴趣，引导学生参与课堂，发挥学生在课堂教学中的主体地位，培养学生的分析理解能力、鉴赏能力和思辨能力，引导学生在素描表现中大胆打破传统技法，进而适应新高考的要求。同时，通过学科与育人的高度融合，达到了以美育人的教学目的。

11

教学创新与高效课堂

  阳春三月，静待春暖花开。作为肇庆区域美术学科的省级名教师工作室，我的工作室必然要发挥省名教师工作室的示范引领作用，扩大工作室的影响，引领青年教师成长，推动农村学校教育高质量发展。得到封开县两所高中的邀请后，为了响应肇庆市教育局助学支教志愿服务计划，工作室结合年度工作安排，组织工作室成员组成肇庆市助学支教志愿服务队，于2023年3月30至4月2日开展走进乡村助学支教志愿服务活动和美术高考备考色彩风景专题研讨活动。

  工作室主持人怎么定位开展研修活动才能让学员们快速成长？助学送教活动，让学员们走出去，在陌生的环境下展示自己的教学能力与教学理念，这是一个学习吸收和开阔教学视野的过程，也是检验研修成果的机会。此次送教活动是在设定名额的基础上让学员自己报名参与上课，工作室的六位成员各自主动承担了一节示范课。我送教活动开展的情况有感而发写成本文。

一、夯实基础，书写未来

  艺术高考的考试要求和评分细则，都对考生的学科基础要求比较高，如美术的造型基础和书法的字体结构。在这次送教活动中，工作室成员所上的示范课，都有不同的方向，如龙惠芳老师的"人物速写的动态韵律"，就是培养学生以比较和归纳的方法进行整体观看和感受人物的动态特征，用简洁的线条迅速地表现出人物的动态特征和造型规律，

  人物动态速写对高中美术生的观察能力和生动捕捉形体能力有很高的要求，速写训练不仅要有正确的观察方法，还要训练让眼睛看得准，加强学生

对人体特征及运动规律的认识与理解，增强学生对人体运动规律的记忆与默写能力。龙老师在教学中引导学生思考和讨论问题，懂得用归纳总结方法，概括地去表现人物的形体和动态。速写是综合能力的基础，速写的造型与动态表现也不能急于求成，要一步一个脚印地去学，并懂得掌握方法和规律，要持之以恒，通过不断的积累，为人物准确造型的表现打下坚实的基础。

篆书是今年书法高考新范围，这次送教，将书法备考中的篆书教学纳入示范课，目的是引起当地对篆书教学与训练的重视。吴达清老师的书法课"吴让之篆书中长线条的书写"，分析了吴让书体中篆书长线条的书写方法和结构形式。吴老师充分利用现代教学设施，将篆书中长线条的运笔方法投影到教学屏幕中，让所有的书法生都可以直观地学习。在讲解如何运笔，结构是否严谨时，教师都是边示范边讲解，学生学习非常投入。特别是结合该校的实际情况，在下午还特别安排吴老师与肖老师专门针对该校的高二书法生进行加强书写技法的辅导，引导学生以自主、探究的方式参与书法训练，学会在练习的情境中通过分析去发现篆书中长线条的结构和运笔问题，同时引导学生学会解决这些问题。这对当地的书法高考备考起到了一定的促进作用。

二、微课利用，打造高效课堂

出于艺考的需要和应对方学校要求，送教中有高中美术鉴赏课。新接触美术鉴赏课的教师，讲起来是比较难的，这些成员在去年送教的磨炼下教学能力有比较大的提高，展示了自己的风采。侯小玲老师所上的"素养与情操/美术鉴赏的意义"鉴赏课，利用了三个微视频。先用电视剧趣味导入，播放电视剧《三十而已》的片段视频，让学生知道视频中的亮点，对凡·高与莫奈画作的误解来引入教学内容，然后告诉学生避免自己将来闹笑话，具备基本的艺术修养还是必要的。又利用视频来解读《捣练图》这幅画，引导学生去发现画作背后的细节和故事，分析何为"捣练"。视频详细介绍在古代，剥茧抽丝得到的生丝特别硬，要煮沸、漂白，并放在砧石上，经过杵棒的捶击，才能变柔软。再利用翻白眼的表情包引入话题，创设问题情境，结合介绍八大山人的视频，讲述八大山人的生平和成就，同时解说八大山人的作品晦涩难懂，探讨八大山人笔下翻白眼动物作品的内涵及价值，促进学生理解八大山人作品"墨点无多泪点多，孤绝白眼向青天"的艺术特点。在教师的引导下，结合这些视频讲授教学内容，学生更容易理解和掌握，课堂充满活力，打造出了高效课堂。

在美术专业教学的公开课中，教师经常是自己进行现场教学示范，当然这可以说明该教师的示范能力强和专业技能较高，但在信息化时代，网上有比较多的教学视频可以用来提升教学效果。例如，朱淞麟老师的"苹果几何关系的理解与素描的块面规律和表现"一课，朱教师在讲授示范时，就插入了微视频来示范苹果几何关系和块面的表现规律，视频可以更清晰地表现物体的几何和块面关系，特别是在如何排线和处理明暗色调上进行了比较详细的分解，对于提高教学效率起到了非常大的作用。

三、教学创新，掌握表现规律

在工作室成立伊始，我不断向学员强调，我们美术高考的专业课要打破以技能传授为主的常规教学模式，要研究高考，特别是要结合美术高考的变化开设课程。同时，在教学过程中，要形成本校或者自己的创新教学体系。杨琦老师的"初心与使命——时代的美术担当之解读油画作品"采用大单元设计，教学内容共分三个主题，通过介绍中国现当代美术的发展历程与社会变革之间的关系，引导学生认识中国现当代美术的特征与取得的成就和时代主题。以当代油画作品《父亲》鉴赏为引言，引导学生联系现实来分析讨论现当代美术作品所蕴含的时代意义，思考艺术家创作思想主题的时代担当。

又如，区碧蕾老师的《色阶的观察与训练——风景素描》专业课，从风景素描的色阶基础知识的讲授与训练，引申到新高考中的风景色彩考试要求，突出黑白灰色阶训练在素描和色彩学科中的重要性。特别是从专家对美术高考考试的解读中可以看出，素描与色彩中考查学生对中灰色调的理解与表现是一个非常重要的考点，以风景素描来提高学生对黑白灰色阶的理解与表现，是以知识点的规律来设计教学，课堂教学模式与教学思维富有创意。

这两节课的教学设计体现了大单元教学要求，教学过程都体现了以教师为主导，学生为主体的教学理念，紧扣工作室所倡导的理念。

图6-4 笔者在封开县南丰中学作高考备考专题讲座

送教的示范课，体现了工作室对课堂教学的学科育人和创新教学的要求，并能充分体现以立德树人、以美育人，促进学生全面而有个性发展为根本任务。当然教学无定法，每位教师都有自己对教学的理解，或者对教育的追求，工作室成员送教的课未必能够引起所有听课者的共鸣，但所有的送教教师都展现了省级名教师工作室成员的风采，他们也在送教活动中在专业方面得到成长，也必然会在当地的美术教学中起到一定示范引领作用。

12 高中美术鉴赏教学与文化理解

文化理解是指从文化的角度观察和理解美术作品、美术现象和观念。文化理解素养的表现是：能逐渐形成从文化的角度观察和理解美术作品、美术现象和观念的习惯，了解美术与文化的关系；认识中华优秀传统美术的文化内涵及其独特艺术魅力，形成对中华文化的认同感；理解不同国家、地区、民族和时代的美术作品所体现的文化多样性，欣赏外国优秀的美术作品；尊重艺术家、设计师和手工艺者的创造成果和对人类文化的贡献。2023年4月24日上午，笔者参加广东省"百千万人才培养对象"送教乡村走进阳西活动，在与对方的沟通中，我都表示要有听评课环节，目的不只是单向的送教，还要通过听课去了解当地教师在教学方面的基本情况。特别是美术高考改革的变化，需要在美术鉴赏与创作方面相结合，所以要求听一节高中美术鉴赏课。在阳西二中开展听评课与专题讲座，在听评课环节中听了张娜老师的高中美术鉴赏课——敦煌壁画九色鹿。笔者抱着学习的心态去听课，毕竟在高中美术教学中，笔者主要从事专业美术高考备考教学，站在学科育人的角度去理解美术鉴赏教学，还是要有一定体会与教学经验。听取了本课的教学过程后，我的思考就是核心素养中的文化理解，本课教授的是佛教文化绘画艺术，也就是从佛教的教义去理解这一张画，才能深层次解读作品的文化内涵。

一、视频导入解读，初识壁画文化

在此课导入环节，教师提问：随着国潮文化现象兴起，去敦煌莫高窟旅游的游客增多，但他们上车睡觉，下车拍照发朋友圈，他们有自己的理由，

黑漆漆的有啥好看？他们从未真正走进敦煌壁画，你如何看待这一现象？此问题的抛出，激发了学生参与教学的热情，但是教师没有从敦煌文化的整体性去引导学生理解。

如果在导入环节通过教学视频解读敦煌文化的起源及历史价值，让学生在理解敦煌文化的基础上去反思游客的做法，使学生深刻理解高中美术鉴赏课教学的重要性，效果会更好。毕竟教师单方面的讲授，让学生感觉是在说教，不一定能够引起学生学习的兴趣。在听课后与授课教师沟通了解到，课前布置了让学生自己观看《九色鹿》的动画片，但毕竟没有在教师的引导下去观看，未必能全面地认识敦煌壁画的文化内涵。所以，可利用视频导入，让丰富的画面与富有情感的解说吸引学生认真观看，认识到敦煌壁画是佛教文化艺术的重要代表，集建筑、彩塑、壁画、佛教文化艺术于一身，有着深厚的历史底蕴和博大精深的文化内涵，是研究我国古代各民族政治、经济、军事、文化、艺术的珍贵史料；敦煌文化是中华文化与各种文化交融汇合的结晶，也是研究佛教文化的重要切入点。

二、故事情节分析，理解画作的艺术表现形式

教师通过PPT课件中的画面来分析《鹿王本生图》构图形式，敦煌壁画的顺序是从两头开始到画面中央结束。左侧描绘九色鹿救起溺水者调达，然后是调达长跪感谢九色鹿等画面；右侧描绘王后要求国王给她捕杀九色鹿、调达告密和带领国王军队去树林。画中央位置是九色鹿向国王诉说救溺水者的经过。教师讲授构图形式时，虽然非常认真，并与学生进行了互动，让学生对画作的故事情节有一定的理解，但笔者认为，授课教师在制作课件时，如果能在图片上增加分解构图的动画彩色线条，或者制作出线条的构图形式来辅助分析，可以让此画作的构图形式更直观。

《鹿王本生图》是无时间顺序的横向构图的代表作，利用画面的空间与故事情节的时间顺序从中间到左右巧妙地对应，在视觉效果上，利用了人物行动的方向，左侧的几只鹿向右行走，右侧的人马向左行走，逆向的形式使画面的视觉中心集中在九色鹿向国王控诉溺水者调达的情节上，画作的独特构思突出了画面的主要情节和主要形象。这幅壁画是佛教绘画的代表，授课

时可以延伸出敦煌壁画的其他构图形式,如异时同景式构图的《尸毗王本生图》,以时间顺序展现的《萨埵太子本生图》,按时间顺序横向构图的《沙弥守戒自杀缘》,这样可以加深学生对佛教绘画构图形式的理解,使学生进一步去理解其艺术表现形式,达到本课的教学目的。

三、情境探究,深入理解敦煌壁画文化的内涵

《鹿王本生图》讲述了在古代印度的恒河岸边树林中,美丽的九色鹿在急流中救起溺水者,并告诫溺水者不能向人透露它的行迹。当时国王为了用鹿皮给王后做衣服而搜寻九色鹿,溺水者见利忘义向国王告密,带着国王的兵马,来到了九色鹿所在的树林,九色鹿从容不迫地向国王讲述救起溺水者的经过。国王听后非常感动,想到一只鹿竟有如此情义,当即下令全国不允许捕杀九色鹿,溺水者遭到报应,身上长满了毒疮。《鹿王本生图》赞扬了九色鹿王的无私精神,宣传的是善恶报应思想。

在课堂教学过程中,教师不断设置问题,如教师在布置学生观看《九色鹿》动画片基础上设问:请你观察这幅画分为几个部分,分组讨论并描述出每个部分的画面内容。基于提前看了动画,学生知道故事情节,引导学生对作品局部图像进行理解、思考和质疑,探究环节为学生创造充分表达的机会,从而培养学生的图像识读能力,帮助学生理解壁画的文化内涵。例如,引导学生仔细观察溺水者在不同场合的动作,他在做什么?国王的内心活动有什么变化?王后的表情动作说明什么?教学目标是通过分析理解溺水者调达、国王的内心变化和王后的动作,通过对各个人物的人格进行分析,从而形成审美判断、价值判断。教师还通过与学生一起分析画面的左边和右边的象征,通过鹿和马的视线和形态高矮变化,引导学生观察画面的构图,从而引导学生思考画面所传达的善与恶的转换,理解佛教引人向善的价值观。

四、结论

敦煌壁画唤起礼拜者的信仰。敦煌处于古代东西方文化交汇的地带,作品真实地反映了佛教传入中国,并与中华传统文化融合的历史进程。画工在

创作与表现的过程中，遵循佛教壁画象征主义特点，也加入了个人的理解和想象，用线简练，结构清晰合理，使得外来佛教艺术与中国文化高度结合，时代生活与审美情趣渗透其中，引导民众认识到光明磊落，方能长久。教师通过视频导入解读、故事情节分析、情境探究三种方式，可以引导学生更好地认识敦煌文化和解读其更深层的文化内涵。

参考文献

[1] 肖莹.成功优秀教师的39级台阶[M].北京：国家行政学院出版社，2012：1.

[2] 游经纬.教育文化漫谈[M].北京：国家行政学院出版社，2012（4）：29.

[3] 李镇西.教育寻真[M].福州：福建教育出版社，2007：48.

[4] 奚传绩，尹少淳.普通高中美术课程标准（2017年版）解读[M].北京：高等教育出版社，2018：前言.

[5] 胡知凡.全球视野下的中小学美术教育[J].教育参考，2017（2）：2.

[6] 罗陵君.AP美术课程与美术教学[M].上海：上海教育出版社，2016：8-9.

[7] 中华人民共和国教育部.普通高中美术课程标准（2017年版）[S].北京：人民教育出版社，2018：1.

[8] 尹少淳.尹少淳谈美术教育[M].北京：人民美术出版社，2016：12.

[9] 陈卫和.美术教育本质的研究案例[M].北京：中国书籍出版社，2012.

[10] 匡壁民，赵文清.国防教育[M].南昌：江西高校出版社，2010：17.

[11] 萧枫，姜忠喆.与学生谈成长[M].长春：吉林出版集团有限责任公司，2012：5.

[12] 钱初熹.美术教学理论与方法[M].北京：高等教育出版社，2005.

[13] 吴刚平.校本课程开发[M].成都：四川教育出版社，2002.

[14] 钱初熹.中学美术课程与教学[M].上海：华东师范大学出版社，2015：4.

[15] 彭聃龄.普通心理学[M].北京：北京师范大学出版社，2005.

[16] 教育部基础教育司.全日制义务教育美术课程解读[S].北京：北京师

范大学出版社，2004.

[17] 林海.林海人物速写[M].重庆：重庆出版社，2009.

[18] 贾孚冈.中央美术学院精品范画详解：人物速写[M].哈尔滨：黑龙江美术出版社，2010.

[19] 马菁汝.艺术教育哲学[M].杭州：浙江人民美术出版社，2016.

[20] 刘子仲.潜能突击[M].北京：中国三峡出版社，2009.

[21] 李正伟.解析潜能的发掘：下[M].北京：现代出版社，2014.

[22] 傅承辉.学习门道谈[M].北京：人民武警出版社，2005.

[23] 艾斯纳.艺术与心灵创造力[M].朱珺，译.北京：中国社会科学出版社，2016：47.

[24] 赵水英，米海峰.走进高中美术教学现场[M].北京：首都师范大学出版社，2008：4.

[25] 钱初熹.与大数据时代同行的美术教育[M].上海：上海教育出版社，2017.

[26] 帕克斯，赛斯卡.美术教学指南[M].郭家麟，孙润凯，译.长沙：湖南美术出版社，2015：175.

[27] 赵水英，米海峰.走进高中美术教学现场[M].北京：首都师范大学出版社，2008.

[28] 尹少淳.美术教育学新编[M].北京：高等教育出版社，2012.9.